基于双周期交互的
核电文档管理研究

主　编　杨明栋　邱杰峰　牛　力

哈尔滨工程大学出版社
Harbin Engineering University Press

内容简介

核电文档作为核电企业生产经营活动的真实记录,凝结了核电企业的发展经验与知识成果。随着数字中国战略的深入推进与实施,核电文档管理的环境、对象和内容发生了巨大变化。面对核电企业文档管理的现实困境、机遇和挑战,本书主要采用文献调研方法、实地调研方法、政策分析方法等,结合我国当下和未来的档案工作数字化转型升级趋势,提出并构建了文档周期与业务周期交互影响的双周期理论,重点构建了基于双周期交互的 MBP 一体化核电文档管理体系,推动核电业务连续性与文档连续性相统一。

图书在版编目(CIP)数据

基于双周期交互的核电文档管理研究 / 杨明栋,邱杰峰,牛力主编. —哈尔滨 : 哈尔滨工程大学出版社,2023.11

ISBN 978-7-5661-4191-0

Ⅰ.①基… Ⅱ.①杨… ②邱… ③牛… Ⅲ.①核电工业-工业企业档案-档案管理 Ⅳ.①G275.3

中国国家版本馆 CIP 数据核字(2023)第 235017 号

基于双周期交互的核电文档管理研究
JIYU SHUANG ZHOUQI JIAOHU DE HEDIAN WENDANG GUANLI YANJIU

选题策划	石 岭
责任编辑	王丽华
封面设计	李海波

出版发行	哈尔滨工程大学出版社
社 址	哈尔滨市南岗区南通大街 145 号
邮政编码	150001
发行电话	0451-82519328
传 真	0451-82519699
经 销	新华书店
印 刷	哈尔滨午阳印刷有限公司
开 本	850 mm×1 168 mm 1/32
印 张	8.625
字 数	211 千字
版 次	2023 年 11 月第 1 版
印 次	2023 年 11 月第 1 次印刷
书 号	ISBN 978-7-5661-4191-0
定 价	48.00 元

http://www.hrbeupress.com
E-mail:heupress@ hrbeu.edu.cn

编　委　会

前　　言

　　核电是我国能源体系的重要分支,也是新能源的重要组成部分,核电业务的发展对于我国能源结构的优化、国民经济的发展与核心竞争力的提升至关重要,国家在政策规划中多次提及"积极推进核电建设""高效发展核电"等要求。因此,核电事业的发展对国家的发展具有重大意义,核电业务的提质增效作为核电事业发展的重要环节和主要目标,需要受到重点关注。实现核电业务的提质增效,不仅需要优化业务流程,还需要有效地管理核电文档,为业务发展提供数据支撑。

　　国家信息化战略的持续推进,对传统的电子文档管理模式提出重大挑战,电子文档管理模式升级、创新刻不容缓。在核电行业中,一方面,各核电企业在长期的业务工作中积累了一定的电子文档管理经验,主要基于国家、行业层面制定的相关法规政策标准展开相应的合规性管理工作;另一方面,在中国核工业集团有限公司(以下简称中核集团)等的统一规划下,ECM(企业内容管理)等各类文件信息管理系统仍处于建设、完善过程中,系统间对接、融合有待进一步优化。从整体来看,核电电子文档管理在合规性方面仍存在统一规划空缺、业务流程混乱、政策体系欠缺、安全保障不足等众多问题。要实现核电电子文档管理,应综合考虑核电行业实际情况和文档管理的理念方法,在了解核电电子文档管理切实需求的基础上,深入推进核电业务流程与文档管理流程,针对流程中电子文档可能出现的各种变化、修改、升级等情况,制定具有针对性的管理措施,从理论层面构建核电行业电子文档管理框架并展开相应的实证研究。

本书采用文献调研方法、实地调研方法、政策分析方法等,重点构建了基于双周期交互的 MBP(Management-Business-Practice,管理-业务-实践)一体化核电文档管理体系,并从核电行业电子文档合规性管理分析、核电行业电子文档单轨制管理体系构建、核电行业电子文档双周期管理实践三方面展开研究。

在《中华人民共和国档案法》(以下简称《档案法》)和《"十四五"全国档案事业发展规划》等全新的档案政策话语导向和数字时代背景下,现有的文档管理理论已经难以满足时代对文档管理的全新需求。细化到核电领域,大到时代环境的变化,小到核电业务提质增效的发展需求,都要求构建新的文档管理理论来支撑核电文档管理模式的革新。从当前核电文档管理现状来看,数字化转型发展对文档管理提出了新要求、核电业务流程管理不够重视文档连续性管理、核电文档生命周期管理未覆盖业务全流程等现实问题在一定程度上阻碍了文档管理工作的进步,亟须以核电业务为导向实施文档连续性管理,将文档管理全面嵌入核电业务的全流程,推动核电业务连续性与文档连续性的统一。构建了基于双周期交互的核电文档连续性管理模式,通过推进基于双周期交互的核电文档一体化管理、实施基于双周期交互的核电文档全流程管控、开展基于双周期交互的核电文档风险治理、加强基于双周期交互的核电文档"四性"保障,有助于破解当前核电文档管理的问题。

《档案法》针对如何开展合规的电子档案管理工作提出了"来源可靠、程序规范、要素合规"的明确要求。"来源可靠"要求与电子档案形成相关的责任者、系统等主客观要素在电子档案形成的全过程中要符合安全性、可靠性要求,确保电子档案的相关要素在归档前后与形成时的原始状况一致,内容能够全面、准确地表达其所反映的事务、活动或事实;程序规范要求电子档案在生成、收集、归档、移交和保管等文件生命周期各个环节,履行必要的工作程序,各工作环节操作规范、没有缺失,符合相关法律制度规范的要求;要素合规要求电子档案的内容、结构和背景信息齐全且没有遭受破坏、变异或丢失,可被读取、识别和理解,元数据信息以及移交、接收、归档、保管等环节相关信息收集齐全。该要求是在当前社会背景下对电子档案合规性管理要求的高度凝练,对于维护电子档案的凭证性具有长远意义。

随着大数据时代的到来,大到全球的数字化,小到我们生活的数字化,均显示出无纸化的发展趋势。在此背景下,电子文档的单轨制管理是数字化转型时代背景下档案工作的必然趋势,是进一步实现档案科学化、规范化管理的必然路径。目前各单位均在走向数字化的道路上,但是各单位的信息化水平、信息化程度、信息资源利用效率和实施范围各有不同,整体情况参差不齐,甚至在同一家单位中也存在多个系统互不相同,文件生产的标准、储存格式不一致等诸多问题。从有关政策层面来看,电子文件归档和电子档案管理方面的相关制度标准还不够完善,既缺乏针对各个行业的个性化的制度标准,也缺乏统一的相关制度标准规范。因此,电子文档单轨制管理在接下来的一段时间里,会从提高各单位信息化水平、提高信息资源利用效率、实现档案工作数字化转型和完善电子档案相关标准制度等方面发展。核电企业应紧跟时代步伐、响应国家政策,积极进行信息化升级改造,建立信息化系统,在已经由单纯的纸质文档管理转变为双轨(套)制管理的基础上,逐渐向单轨制管理转变。

编　者
2023 年 9 月

目　　录

1　绪论 ……………………………………………… 1

1.1　核电文档管理模式亟须转型升级 ………… 1

1.2　核电文档管理转型升级的新方向 ………… 3

1.3　研究目的与研究意义 …………………… 10

1.4　研究思路与研究方法 …………………… 15

1.5　研究创新 ………………………………… 16

1.6　小结 ……………………………………… 19

2　研究现状 ……………………………………… 21

2.1　核电业务周期与文档生命周期研究现状 … 21

2.2　核电文档管理模式研究现状 …………… 25

2.3　核电文档单轨制管理研究现状 ………… 28

2.4　核电文档合规性管理研究现状 ………… 37

2.5　核电文档连续性管理研究现状 ………… 44

2.6　小结 ……………………………………… 45

3　双周期交互与核电文档管理概述 ………… 46

3.1　双周期交互的基本内涵与理论阐释 …… 46

3.2　核电文档的类型与特点、管理现状与挑战 … 56

3.3　双周期交互理论对核电文档管理的作用
　　　及影响 ………………………………… 61

3.4　基于双周期交互的核电文档管理的需求分析 … 63

　　3.5　小结…………………………………………　64

4　基于双周期交互的 MBP 一体化核电文档管理体系
构建 ………………………………………………　66

　　4.1　双周期交互的 MBP 一体化核电文档管理的
　　　　宏观愿景……………………………………　66

　　4.2　双周期交互的 MBP 一体化核电文档管理的
　　　　法理依据……………………………………　73

　　4.3　双周期交互的 MBP 一体化核电文档管理的
　　　　要素与结构…………………………………　79

　　4.4　双周期交互的 MBP 一体化核电文档管理的
　　　　框架与运行机制……………………………　86

　　4.5　小结…………………………………………　94

5　管理维(Management) :基于双周期交互的核电文档
合规性管理 ………………………………………　95

　　5.1　基于双周期交互的核电文档合规性管理框架 …　95

　　5.2　核电文档合规性管理的背景与意义…………　98

　　5.3　国内外文档合规性管理的实践及其启示 …… 106

　　5.4　坚持核电文档来源可靠…………………… 111

　　5.5　坚持核电文档程序规范…………………… 126

　　5.6　坚持核电文档要素合规 ………………… 139

　　5.7　小结 ……………………………………… 149

6　业务维(Business) :基于双周期交互的核电文档
连续性管理 ……………………………………… 150

　　6.1　基于双周期交互的核电文档连续性管理框架 … 150

　　6.2　双周期交互的核电文档连续性管理的内涵

　　　　与意义 ……………………………………… 153

　6.3　推进基于双周期交互的核电文档一体化

　　　　管理 ……………………………………… 164

　6.4　实施基于双周期交互的核电文档全流程

　　　　管控 ……………………………………… 168

　6.5　开展基于双周期交互的核电文档风险治理 … 189

　6.6　加强基于双周期交互的核电文档"四性"

　　　　保障 ……………………………………… 200

　6.7　小结 ……………………………………… 205

7　实践维（Practice）：基于双周期交互的核电文档

双向实践平台 ………………………………… 206

　7.1　基于双周期交互的核电文档双向实践框架 … 206

　7.2　双周期交互下核电文档双向实践的价值 …… 208

　7.3　双周期交互下核电文档双向实践的挑战 …… 211

　7.4　双周期交互下核电文档双向实践的循环

　　　　模式呈现 ………………………………… 214

　7.5　双周期交互下核电文档双向实践的策略

　　　　及其路径 ………………………………… 219

　7.6　双周期交互下核电文档双向实践系统的建设

　　　　与应用 …………………………………… 238

　7.7　建立核电文档双向实践保障体系 ………… 243

　7.8　小结 ……………………………………… 247

8　总结与展望 …………………………………… 248

　8.1　研究总结 ………………………………… 248

　8.2　研究展望 ………………………………… 249

参考文献 ………………………………………… 251

1 绪 论

1.1 核电文档管理模式亟须转型升级

1.1.1 档案政策话语体系的丰富对文档管理提出新要求

　　档案事业承担着记录事实、还原历史的重要责任。随着社会经济、政治、思想、环境的不断变化和档案管理技术与应用的不断发展,国家档案政策法规体系也随之完善,这对文档管理实践提出了更多维度、更高标准的新要求。其中,2021年正式施行的《档案法》和《"十四五"全国档案事业发展规划》,凝练了我国档案政策法规体系的最新成果,对档案领域的各项工作进行了更加全面的规定与规划,对档案工作的监管与治理、信息化与人才培养、档案的运用与保存等方面的相关要求与发展方向做出了详细阐释,对各个领域的文档管理实践提出了全新要求。这些档案领域新制定的法律法规与政策规划,一方面关注到档案的安全管理体系与监督检查体系构建,对档案管理基础设施设备的配置、档案安全工作机制的健全、档案检测环节的完善等方面提出了明确要求,并对档案监督检查的各个环节与具体措施手段进行了规范;

另一方面呼吁档案管理的信息化与现代化,对电子档案的地位与作用、安全管理要求和信息化系统建设进行详细阐述,并强调对档案人才的培养与队伍建设相关的重要性。因此,为了贯彻《档案法》和《"十四五"全国档案事业发展规划》的核心理念,推动核电企业文档管理的积极发展,并保障核电档案的真实性、完整性、可用性和安全性,核电企业应当优化文档管理逻辑,秉持更符合实际需求的文档管理理念,发展全新的文档管理理论,以优化文档管理的实际流程,形成信息化、高效率的连续性文档管理体系,满足文档发展的时代需求。

1.1.2 档案工作数字转型的趋势要求文档管理实时革新

信息化、现代化是目前档案事业建设的主要任务,档案工作的数字转型则是档案信息化建设的重要环节。档案工作的数字转型目标不仅需要提高档案资源的数字化水平以降低纸质文档制作、流通、存储与管理成本,从而提高档案管理的效率与质量,而且要求在文档管理的全流程中,贯彻信息化、智能化与系统协作的理念,实时革新文档数据、资源,按需调整管理方针,实现对文档的动态化全程管理。因此,为了实现档案工作的数字化转型,推动档案事业的发展,档案管理实践应当勇于突破,结合新兴的档案理论构建全新的文档管理模式,以满足档案信息化实践的具体需求,为档案事业发展提质增效。

1.1.3 核电业务提质增效的目标倒逼文档管理优化体系

核电是我国能源体系的重要分支,也是新能源的重要组成部分,核电业务的发展对于我国能源结构的优化、国民经济的发展与核心竞争力的提升至关重要,国家在政策规划中多次提及"积极推进核电建设""高效发展核电"等发展要求。因此,核电事业的发展对国家的发展具有重大意义,核电业务的提质增效作为核电事业发展的重要环节和主要目标,需要受到重点关注。为了实现核电业务的提质增效,不仅需要优化业务流程,还需要有效地管理核电文档,为业务发展提供数据支撑。核电企业孕育了众多大型核电工程项目,也产生了海量核电文档资源。在传统的核电文档管理实践中,文档管理与业务流程管理彼此独立,这种管理模式导致文档管理脱离了业务发展的实际需求,难以为业务发展赋能。此外,传统的文档管理实践中还存在其他问题,包括核电文档的窜改与丢失情况的普遍发生、核电文档复用难度大等。这些问题不仅反映出核电企业现有档案管理方式方针的适用性不强,也在某种程度上影响了核电企业业务的正常运行与发展。因此,核电业务提质增效的目标要求优化文档管理体系,将业务流程的需求纳入文档管理的体系构建中,实现文档管理与业务发展的双向交互,形成以业务为导向的全新文档管理体系。

1.2 核电文档管理转型升级的新方向

1.2.1 业务周期和文档周期的双向交互与支持

核电业务全生命周期的每个阶段都会产生大量文件与记录,其中很多是需要长久保存的珍贵档案。传统的管理模式是每个阶段的文件与记录在业务完成后统一收集,而经过收集、整理和归档成为档案之后,永久存放而很少被再利用。随着数字化转型的深化以及中核集团"数字核电"的战略要求,传统的文档管理模式已经不能再适应新时代的需求,亟须对档案数字化、智能化水平进行提升。由于核电文档常常是跨业务阶段的,例如一些关键核心设备的设计文件与运行时的文件具有紧密联系,在生产运营的实际使用场景中常常需要相互参考和比对,因此双周期模式应运而生。双周期指业务流程生命周期和文档管理生命周期,双周期模式即业务周期和文档周期的双向交互与支持。

全寿期管理是核电厂建设运营管理的重要内容之一,研究核电设备从生产准备到交付运营再到老化退役的全过程中的所有因素与相应要求,提供生产经营决策参考,对延寿论证、延寿经济效益、机组安全均具有重大价值。全寿期管理是指通过将核电厂的运行、维修、工程、管理、延寿以及经济计划融合为一个整体的过程。寿期阶段可以按照核电厂的建设周期和业务流程分为四个大阶段:设计阶段、制造/建造阶段、运行阶段、退役阶段[1]。考虑到进行延寿论证后还可继续运营,从较长时间来看,核电厂全寿期还可分为设计寿期、延寿论证、延寿期。综上,核电厂全寿期管理可细分为七个阶段,包括设计、制造、安装、调试、运行、延寿、退役[2]。从寿期角度来讲,对设备的老化数据进行管理非常必要。以大亚湾核电站为例,通过建立"系统、设备、部件、基础信息、运行经验、管理措施"等关联信息,构建老化数据库,定期维护数据,为全寿期管理、延寿论证提供数据基础,极大地便利了相关工作,同时可有效提升机组管理水平。

1940 年,美国档案学者菲利普·布鲁克斯最早提出了

"文件生命周期"概念,引入"周期"概念的目的是强调文件运动的一种时间跨度,表明文件具有从最初形成到最终销毁或永久保存的整体运动过程。"文件生命周期"指的是文件从产生直至因丧失作用而被销毁或者因具有长远历史价值而被档案馆永久保存的整体运动过程。至 20 世纪 90 年代,继文件生命周期理论之后又一个新的文件运行基础理论被提出,即莫纳什大学(Monash University)的学者 Frank Upward 与其同事 Sue McKemmish 和 Livia Iacovino 共同提出的文件连续体理论,该理论主要是指文件往复运动于从产生到处置的连续体中的一个过程。

文件连续体理论构筑了一个多维坐标系来描述文件的运动过程,包括四个坐标轴:一是文件保管形式轴,选取的四个坐标分别是单份文件、案卷、全宗和全宗集合;二是价值表现轴,选取的四个坐标轴分别是行为轨迹、活动凭证、机构记忆和社会记忆;三是业务活动轴,选取的四个坐标轴分别是行为、活动、职能和意志;四是形成者轴,选取的四个坐标轴分别是个人、部门、机构和社会。在这一多维坐标系中,文件保管形式轴是核心轴,因为它的变化带动了其他坐标轴的相应变化。具体而言,文件连续体理论通过描述文件保管形式轴上四个坐标的变化引发形成者轴、业务活动轴和价值表现轴上特定坐标的相应变化,揭示出文件的四维运动过程。第一维是单份文件,此时文件对应的形成者是某一具体的个人,反映的业务活动是某一具体的行为,表现出的价值形式为具体行为的轨迹。第二维是案卷,即一组文件的集合,此时文件对应的形成者是机构内部的一个部门,反映的业务活动是包含若干行为的某一活动,表现出的价值形式为活动的凭证。第三维是全宗,即一个机构所有案卷的集合,此时文件对应的形成者是一个特定的机构,反映的业务活动是包含若干活动的某一职能,表现出的价值形式为机构记忆。第四维是全宗集合,即所有全宗的集合,此时文件对应的形成者是整个社会,反映的业务活动是社会的意志,表现出的价值形式为社会记忆。

"双周期"交互的核心思想是从全程观的角度,即业务流程生命周期视角和文档管理生命周期视角出发,以企业业务为导向,调整业务管理与文档管理,使其相互适应。通过提出"全过程文档集中管理"的思路,将从核电厂业务连续性延伸至文件与档案的数据连续性,保证其各个阶段的文件或档案能够与业务相呼应。通过业务流程与文档管理流程的联动,来解决文件使用、升版等操作时可能带来的文件内容变化。

1.2.2 核电文档连续性管理趋于业务场景导向

在工程制造领域中,业务连续性(business continuity)是十分重要的概念,它是为防止由于重大事故导致正常业务行为中断而制定的计划。核电领域的业务连续性计划尤其与风险管理密切相关。2011 年日本特大地震引发了福岛核电站核泄漏事故,福岛核电站的业务连续性管理不力导致事态失控,影响恶劣,这也敲响了核电企业强化业务连续性管理的警钟。2020 年,国家能源局、生态环境部联合发布《关于加强核电工程建设质量管理的通知》(国能发核电〔2020〕68号),再次强调核安全的重要性,提出核安全是核电的生命线,是国家安全的重要组成部分,是核电行业最重要的政治责任。质量是保证核电安全的物质基础,建设期的质量就是运行期的核安全。国内很多核电企业都已经制定了业务连续性计划,例如江苏核电有限公司早在2005年就提出了信息系统业务连续性EDCA[指通过建立(E)、实施(D)、核查(C)、改进(A)实施动态控制]安全管理模型,将信息系统与主营业务紧密结合;三门核电有限公司部署了基于存储虚拟化技术的存储系统高可用架构,不仅实现了对数据的保护,也保证了存储系统的业务连续性。

传统环境下,核电设备的全寿期管理从设计阶段经历建设运营到退役阶段,大多数情况下信息是单向流动的,数量庞大的上万份企业业务文件却分散在一个个信息孤岛上。业务在变化,数据却没有得到对应的变化,由此导致各个核电工程建设的主体责任不甚明确,各个业务阶段协调机制不够延续和顺畅,基于这一背景,引入数据连续性(digital continuity)的理念进行文档管理。数字连续性基于文件连续体理论提出,数字连续性的基本概念是指在文件连续体的框架内信息得以保管和利用的能力,它不仅可以长久地保存信息,还可以在信息的持续运动中构建信息管理的能力和系统性的框架。数字连续性的重点与数字保存不同,其重点在于保持创作者数字信息的能力,尽管数字技术发生了变化,但该信息仍将根据需要继续可用。

英国将数字连续性界定为构建组织在任何时候都可以按照所需方式利用信息的能力,即通过数字连续性确保信息是完整、可获取以及可用的,以所需的信息资产通过技术服务与环境满足业务需求,突出的是风险管理和业务驱动,这也影响着其政策主要以指南为主。新西兰对数字连续性的界定与英国类似,认为数字连续性是确保知识所需的人的要求,无论何时,数字信息都可供获取和使用的能力。澳大利亚则将数字连续性看作一种方法,认为数字连续性是保存与管理信息,以确保信息在所需时能以所要求的方式得到使用的方法。除了保障所需的信息是完整、可获取和可用的外,澳大利亚表示不需要的信息不再保存[3]。

随着各行各业数字化进程的加快,数据在企业所有部门和业务流程中不断流动,形成一条连续的数据流。数字连续性的提出事实上也是对信息数据态的一种回应,是指每个从事给定产品或设计的人都能查看完全相同版本的数据和模型的能力。核电企业的数字连续性愿景意味着与某个核电设备全寿期管理工作相关的所有人,在任何时候都能用相同版本的数据与模型,以保证机组安全水平,继而为核电企业决策者提供及时、准确的生产决策参考。

1.2.3 核电文档需要实现合规性和单轨制管理

随着大型工程项目信息化建设的日趋深入,工程项目建设和管理活动使用了大量的信息系统和技术手段,生成了数量巨大、类型复杂的电子文件,这些电子文件是对工程项目各项业务活动的直接、原始数据记录,是维持业务活动开展、提高协同工作效率、支持决策的重要工具。在此背景下,电子文件双套制、双轨制管理模式不但难以满足发展的需求,而且给原本已实现信息化管理的工程现场工作带来了额外负担。2018年、2019年国家档案局先后两次印发了《国家档案局办公室关于组织开展建设项目电子文件归档和电子档案管理试点工作的通知》[4],2020年修订的《档案法》中新增了关于电子档案法律效力的规定,2021年发布的《"十四五"全国档案事业发展规划》中提到"切实推动来源可靠、程序规范、要素合规的电子文件以电子形式单套制归档"。这一系列国家政策的出台,标志着我国电子文件单轨制管理驶入发展的快车道。

无论文件与档案之间的联系如何紧密,在管理上两者毕竟有所不同,分属企业业务系统与档案信息系统。目前常见的大多档案信息系统只是"开展档案业务所使用的档案信息管理系统、档案信息服务系统和档案办公系统等三类信息管理系统",不涉及文件管理功能,甚至没有文件接收功能。而业务系统则强调"达成定位所需要的业务环节",对业务之外以及业务完成后的步骤并未提及,这种在各自业务层面的自循环系统无法达成单轨制电子文件管理的目标。基于此,本书提出建设全面的"电子文档单轨制归档平台"。

在实地调研中发现,传统的电子文档或者电子档案都是以 word、pdf 或者 ofd 等格式存在的,由于其具有非结构化的载体特性,实际上,核电厂运行人员需要将文件打印出来使用,使用完毕后再将文件扫描为电子文档进行归档,整个过程在电子文档与纸质文件间相互跳跃。使用纸质文件在于工作人员对文档的使用需求,他们需要在纸质文件上填写各种信息(例如操作数据、负责人签字、日期等)。这一现象长期存在于业务一线,这就造成企业一方面需要花费巨大成本来维护档案信息系统,使其所形成的电子表单能够根据工程项目及专业划分等情况,自动分类并实时、安全地存储于文件服务器中,满足各方面人员直接通过系统进行查询利用的需求;另一方面又不得不将电子表单打印并由施工、监理单位相关责任人再次签字后,按照纸质文件归档方式组卷归档。可见,要想实现真正的单轨制,需要将档案信息系统中非结构化的电子文档进行调整,形成结构化数据以适配一线运行人员的需求。因此,本书提出的核电文档单轨制管理模式通过整合技术手段将所有非结构化文档转变为结构化文档,用结构化数据库对文档内容进行存储,既保证内容、结构、形式与原来的非结构化文档相一致,也能方便业务人员进行使用、记录和修改,从而实现真正的全过程无纸化。

核电企业对电子文档的管理有别于其他行业,电子文档在归档保存之后依然具有极高的利用频率,并且随着核电厂的建设,很多电子文档需要适时进行修改、升版等操作,需要对归档文件进行动态更新和调整。而修改和升版操作势必对电子文档的内容进行调整,针对这种变化需要在归档环节、利用环节实现对电子文档内容的有效控制,一方面保证多业务系统的数据一致性,另一方面保证归档文件的及时更新。因此在单轨制设计之上,还需重点结合新《档案法》的要求,提出保障电子文档信息演进流程凭证价值的应对策略[5]。例如从活动、时间、系统、责任者四个角度对电子文档的"来源可靠"做出梳理,从业务流程、法律规定、政策制度、国家与行业标准等方面对电子文档的"程序规范"实施保障,从背景、内容、结构三个经典的电子文档"三要素观"对"要素合规"进行分析,最终确保核电文档的可溯、可控、可用、可信,完成对电子文档合规性和单轨制的管理。

1.3 研究目的与研究意义

1.3.1 研究目的

(1)明确核电企业电子文档管理主体的职责要求

管理主体是指对文档的形成、流转、保存以及利用等各个环节进行管理、监督和控制的相关人员,对文档的形成和管控起到全程把控的作用,以确保信息的生产和流动是高效且准确的。管理主体具体而言包括:文档形成者(包括文件最初的编辑者、接收者、审核者和分发者)、文档管理者(履行管理职责和控制职责的相关人员)、主管部门(对电子文档的形成负有总体职责的相关人员)、信息技术人员(在核电企业中,往往承担着内部电子文档系统开发和维护的工作,以及与外包服务商进行需求沟通和验收工作)和系统外包服务商(完成核电企业外包的开发任务的相关人员)。每一个主体都有其具体的职责要求,只有明确每一个主体的职责要求,才能切实实现电子文档的一体化管理。

(2)细化核电企业电子文档管理客体的评估指标

管理客体指的是电子文档本身,其具体要求主要体现为《档案法》中的十二字合规性要求:来源可靠、要素合规、程序规范。这些要求贯彻在文档形成、数据捕获、流转、归档、移交、保存和反馈等各个核电企业电子文档的流转阶段,因此其中的反馈利用阶段实际上贯穿着整个文档的生命流程。十二字合规性要求体现在每个阶段,而每个阶段又有每个阶段具体的要求、原则和方法。例如数据最初的录入要形式合规、格式规范、内容准确、背景完整、控制得当;在文档运行流转过程中,要对文档流转路径进行监控、对文档修改记录进行跟踪;在数据归档阶段,要完成要素检查、“四性”检测、配套参考文档同步归档,实现妥善的衔接;在档案智能化利用阶段,要实现查阅行为的合规,并利用信息技术助力信息化效能,为业务赋能;在归档后的长期保存阶段,应建立合理的加密机制,以保证档案资料不被轻易更改,并建立合理完善的备份机制和制定对迁移技术的提前规划。

（3）厘清核电企业电子文档一体化管理基本流程

从核电企业电子文档一体化管理的大致阶段来看，可以将其流程分为四个大的阶段，即前端控制阶段、中端管控阶段、后端管理阶段以及前端反馈阶段。在前端控制阶段，需要对电子文档的形成环境（包括管理环境及技术环境），制定清晰的控制方案；对文档的内容方面，要制定清晰的格式规范、合规要求、内容要求等；在职责划分上，也要明确每一个管理主体的相关责任。在中端管控阶段，则需要明确电子文档捕获的定义、对象以及方式，还需要完成电子文档鉴定的内容（包括鉴定原则、内容与技术），与此同时，中端管控也需要包括电子文档的归档内容，明确归档原则、范围、方式，以及"四性"检测。在后端管理阶段，需要进行电子文档的移交与接收，电子文档的长久保存，以及解决数据安全的问题。在前端反馈阶段，则是对电子文档中数据信息的开发与利用，根据利用主体的主被动性，可以分为主动反馈与被动反馈。主动反馈是指利用主体对文档信息进行主动的内容查询和知识查询，在文档编制时，调阅系统中过往的档案资料进行参考，或是利用系统中的文档数据资料进行知识社区的共建。而被动反馈则是系统在获取电子文档信息并构建结构化知识库后，能够被动地为利用主体提供知识信息和智能决策方案，在业务过程中被动地为利用主体提供业务所需的相关资料信息。

（4）完善核电企业电子文档一体化管理支撑条件

电子文档一体化管理的支撑条件包括顶层规划、标准规范、技术支撑和质量管控四个大的部分。顶层规划部分需要从战略规划的层面加入电子文档一体化管理的相关要求，在组织体系设计上成立一体化管理的部门，明确职责分工，在资金规划上要对文档的一体化管理给予资金支持,同时也要对整体的规划执行过程进行监督评价。在标准规范部分,主要分为三个维度,即管理维度的标准规范、资源维度的标准规范和技术维度的标准规范。在技术支撑部分,尤其以单轨制的要求最为典型,需要实现文档的数据结构化管理、四性检测、高密度数据存储、数据的长久保存以及可视化技术。在质量管控部分,则需要保证数据的安全性、对文档信息质量的监督、对整体流程的控制和最终效益的评价。

1.3.2　研究意义

本书的研究意义主要体现为两大方面。

一方面,推进电子文档研究的实践和发展。信息化、现代化是目前档案事业建设的主要任务,档案工作的数字转型则是档案信息化建设的重要环节。档案工作的数字转型目标不仅要求提高档案资源的数字化水平,降低纸质文档制作、流通、存储与管理成本,从而提高档案管理的效率与质量,而且要求在文档管理的全流程中,贯彻信息化、智能化与系统协作的理念,实时革新文档数据、资源,按需调整管理方针,实现对文档的动态化全程管理。因此,为了实现档案工作的数字化转型,推动档案事业的发展,档案管理实践应当勇于突破,革故鼎新,结合新兴的档案理论构建全新的文档管理模式,以满足档案信息化实践的具体需求,为档案事业发展提质增效。

另一方面,助力核电企业生产效能的提升。核电企业作为技术密集型企业,在生产、经营的过程中会产生大量凝结智慧的文档资料,而这些文档资料数量庞大、类型众多、知识专深,且文档中包含着大量的知识内容,越来越成为企业的核心竞争力之一,迫切需要在电子文档一体化管理和利用的过程中,以知识集成的视角看待问题,将分散在各个电子文档中的知识内容利用从合理有效的方式进行知识的集成、整合,并创造新的知识。核电企业积极引进新技术,加快实现数字化转型,在核电企业电子文档管理方面做出了诸多举措,也取得了不错的成绩,初步建成了信息化管理平台。但目前的信息化管理平台尚属于比较初级的阶段,仍然面临诸多观念上、管理上、系统上和服务上的挑战,难以助力信息化效能,且没有建立档案资源,不能为公司的业务发展提供必要信息服务与知识支撑的服务体系。核电企业要进一步开展电子文档一体化管理,攻克上述难题,在遵循现有法规规章的前提下,对核电企业电子文档一体化建设开展管理、业务、实践等方面的研究,提出更高阶的建设思路与可行方案。充分利用文档资源为企业的业务赋能,提供核电企业数字化转型的核心竞争力成为当前的研究热点。本书对核电企业开展电子文档一体化管理的时代背景进行了分析,总结了国内外电子文档管理的研究现状、实践案例,并分析了电子文档一体化管理对核电企业的影响,梳理了核电企业一体化管理模式的研究思路,为企业文档的一体化管理工作提供借鉴,同时也为正在进行文档信息化建设的核电企业乃至其他企业提供一些研究方向。

1.4 研究思路与研究方法

1.4.1 研究思路

基于双周期交互的核电文档管理研究分为理论构建和应用实例两部分,其中理论构建主要涉及基于双周期交互的核电文档合规性管理、连续性管理及双向实践三个环节。MBP一体化核电文档管理体系指导合规性、双周期和单轨制的实践,而各个部分的具体要求同样牵引整体上的理论构建。这三个环节共同构成了自顶向下和自底向上相结合的研究思路。

在理论构建方面,对核电企业开展电子文档一体化管理的背景、电子文档一体化管理的内涵、研究现状和意义进行了分析,并结合双周期的企业文档连续性管理模式研究、电子文件合规性管理研究的成果、电子文件单轨制管理研究的成果,提出核电企业电子文档一体化管理模式。在应用实践方面,结合核电文档的特性构建电子文档一体化管理平台,实现文档的全流程电子化管理,对企业的电子文档资源实现进一步的开发利用,进一步验证理论部分所构建的管理模式,并根据实际需求进一步验证和优化理论构建阶段的管理模式。

1.4.2 研究方法

本书综合运用了文献调研法、实地调研法和政策分析法进行研究。文献调研法是指在研究及实践的过程中,广泛收集和整理国内外与此课题相关的文献资源,了解并吸收已有的研究成果,参考最佳实践案例,掌握最前沿的学术动态,预测技术发展趋势,尽可能做到在考虑现实状况下研究方法和实践方案最优。实地调研法是指对核电企业的文档管理需求进行了充分的调研访谈,了解核电企业文档的特性、当前的管理现状,并对行业内档案管理、信息资源管理、信息技术等专家进行访谈,获取其对核电企业电子文档单轨制方面的意见和建议;对科技档案资源进行调查分析,了解各地科研机构的科技档案资源情况,包括资源数量、资源载体格式、资源元数据方案等,为课题研究寻找事实依据,将理论与实际紧密结合,力求做到考虑现实状况下的最优。政策分析法是指在本研究过程中对国家档案法规政策、标准和核电领域相关制度等进行分析与研究,明确政策和制度对核电文档管理的要求与方向,以此确保研究成果的科学性、规范性和可操作性。

1.5 研究创新

1.5.1 论述生产业务和文档管理的双周期交互内涵

双周期交互理论,概括来讲,就是在文档管理的全过程中,通过业务数据的交流,实现文件生命周期与业务流程生命周期的交互协同。双周期交互理论从全程观的角度出发,以业务数据为抓手,促使文件生命周期与业务流程生命周期交互协同,从而实现文档管理以业务为导向、文档数据为业务赋能的高效管理模式。与传统的文档管理理论以文档为核心管理内容的思路不同,双周期交互理论将数据视为最小管理单位,通过数据管理实现双周期的交互发展,最终达到文档高效管理、业务高效发展的目标。核电企业孕育了众多大型核电工程项目,也产生了海量核电文档资源。在传统的核电文档管理实践中,文档管理与业务流程管理彼此独立,这种管理模式导致文档管理脱离了业务发展的实际需求,难以为业务发展赋能。此外,传统的核电文档管理在实践中还存在其他问题,包括核电文档的窜改与丢失情况普遍、核电文档复用难度大等。这些问题不仅反映出核电企业现有档案管理方式方针的适用性不强,也在某种程度上影响了核电企业业务的正常运行与发展。因此,核电业务提质增效的目标要求文档管理体系要进行优化,将业务流程的需求纳入文档管理的体系构建中,实现文档管理与业务发展的双向交互,形成以业务为导向的全新文档管理体系。

1.5.2 结合核电业务场景开展电子文档合规性研究

从核电行业开展电子文档合规性管理的法律背景与行业背景出发,围绕"来源可靠、要素合规、程序规范"十二字合规性要求,提出了当前影响电子文档管理规范性的两个矛盾,即"纸质档案数字化、数据化进程持续推进以及原生于数字环境的电子文件数量日趋庞大这一现状,与习惯于传统档案管理的档案部门如何把握电子文件合规性管理具体内涵之间的矛盾","电子文件凭证效力受到法律保障与社会认可,与档案部门如何参与实现对电子文件'四性'的全流程维护从而避免其凭证性产生矛盾",并从控制业务流程规范、施行单轨制管理、确保文档要素合规、打通业务系统壁垒四个方面分析电子文档合规性管理的具体内涵。开展核电行业电子文档合规性管理工作,在理论上是对新修订的《档案法》的积极响应,有助于电子文档管理健康发展;在实践上是实现核电行业电子文档管理智能的必要前提,有利于推动核电行业效益升级,实现"智慧核电"总目标。

1.5.3 提出核电企业电子文档单轨制管理的建设思路

从电子文档单轨制管理的视角,对知识集成的内涵、概念进行详细界定,对双周期交互下核电企业电子文档单轨制的知识集成的目标进行详细梳理,从载体、数据、管理和系统四个维度阐述双周期交互下核电企业电子文档单轨制的知识集成需求,并从主动型、被动型、业务型和数据型四个角度描述了双周期交互下核电企业电子文档单轨制的知识服务愿景,最终创新性地从四个方面提出了面向知识集成的核电企业电子文档单轨制管理的框架及内容。其一,电子文档单轨制管理的核心要素是支撑整个单轨制管理模式构建的核心点,它决定着企业的文档单轨制管理最后落实的质量、最终达到的效果水平,更决定着单轨制最后能够给企业带来的效益情况。核心要素总结为四个方面,即管理主体、管理客体、管理路径和管理要求。其二,电子文档的单轨制管理贯穿于文件的整个生命周期,但从管理的大体阶段来看,可以将流程分为四个大的阶段,即前端控制阶段、中端管控阶段、后端管理阶段以及前端反馈阶段,每一个阶段都有其独有的管理要求和执行方式。其三,电子文档的单轨制管理的支撑条件包括顶层规划、标准规范、技术支撑和质量管控四个部分。以上三点,共同构成了电子文档单轨制管理的框架模型。该模型文件以生命周期为出发点,向外层层扩散,外端第二层从管理的视角出发,将管理阶段划分为前端控制、中端管控、后端管理和前端反馈四个阶段,且前端反馈既是终点,也是新的起点,并使文档管理再次进入前端控制阶段,形成一个闭环,文档数据在这个闭环中不断流转。而最外端则是支撑条件,包括顶层规划、标准规范、技术支撑和质量管控四个部分。

1.6　小　　结

新修订《档案法》的颁布对依法治档和档案事业高质量发展提出了新理念、新目标、新要求,为各领域的文档管理工作指明了发展方向。一方面,《档案法》《"十四五"全国档案事业发展规划》等档案法规政策对档案工作体系建设做出了新的规定,要求档案工作聚焦档案治理体系、档案资源体系、档案利用体系、档案安全体系,推进档案工作走向现代化;另一方面,新制定和修订的档案法规与有关政策,开始关注档案工作数字化转型升级,对档案信息化工作进行了系统安排,尤其是对电子档案的地位与作用、安全管理要求和信息化系统建设等进行了明确规定。

为贯彻《档案法》和《"十四五"全国档案事业发展规划》的核心理念与相关要求,推动核电企业文档管理的积极发展,并保障核电档案的真实性、完整性、可用性和安全性,核电企业应当优化文档管理逻辑,秉持更符合实际需求的文档管理理念,发展全新的文档管理理论,以优化文档管理的实际流程,形成信息化、高效率的连续性文档管理体系,以满足文档发展的时代需求。具体而言,核电文档管理转型升级的新方向大致有三点,即业务周期和文档周期的双向交互与支持,核电文档连续性管理趋于业务场景导向,核电文档满足合规性和单轨制管理要求。为了实现上述转型,需要明确核电文档管理主体的职责要求,细化管理客体的评估指标,厘清一体化管理基本流程,完善一体化管理的支撑条件。基于此,本书选择文献调研法、实地调研法和政策分析法等开展研究,论述了生产业务和文件管理的双周期交互内涵,结合核电业务场景开展了对电子文件合规性研究,提出了核电企业电子文档单轨制管理的建设思路。

2 研 究 现 状

2.1 核电业务周期与文档
生命周期研究现状

寿期管理是核电厂建设运营管理的重要内容之一,其研究核电设备从生产准备到交付运营再到老化退役的全过程中的所有因素与相应要求,为生产经营决策提供参考。当前学者们对核电业务周期与文档生命周期的研究现状主要集中在以下几个方面。

2.1.1 核电设备管理与核安全

窦一康提出,核电厂设备的失效大多源于一种或多种老化机理单独或综合的作用,老化管理是防止关键设备失效、确保核安全的重要手段。窦一康以国际原子能机构 2009 年颁布的《核电厂老化管理核安全导则》(NS-G-2.12)为依据,梳理了核电厂从设计、建造、调试,到运行、延寿,直至退役的全生命周期各阶段需要的老化管理工作,分析了各阶段工作承上启下的内在联系,论述了"老化管理核安全导则"的实施,对核电厂设计理念、设备制造、设备鉴定、建造调试、营运管理、检查维修、执照取证、延寿模式、退役模式等带来的新挑战,以及其对促进核电厂核安全水平的全面提高和对积极发展中的核电行业安全、稳定可持续发展的重要意义[6]。周刚提出,核动力设备尤其是核安全设备发生故障时,可引发危及核安全的事件或直接导致核安全事故的发生。预防和消除设备故障是提高核动力装置安全性的重要途径。为确保核动力设备的安全可靠性,根据核动力设备从设计到退役各阶段的形态,从全寿命监督管理思路出发,提出了核动力设备故障全寿命分阶段监督管理方案[7]。潘蓉、易桂香、孙锋等则从材料和结构层面论述各种影响因素下钢筋混凝土结构耐久性的国内外研究和核安全相关构筑物全寿期性能评估的现状和进展,阐明后续核安全相关混凝土结构全寿期性能评价研究的发展方向,为核电厂安全相关构筑物老化管理和状态评估提供参考[8]。薛飞、束国刚、余伟炜等分析了核电厂主管道材料的疲劳寿命周期演化规律,提出了有关核电厂主管道材料寿命预测的方法并进行了评价[9]。

2.1.2 全寿期管理信息源

周宇、蒲晓彬认为,核电厂全寿期管理的信息源可分为两大类:一类是与核电厂系统、构筑物、部件(systems structures contentments,SSCs)相关的基础信息和管理流程信息。其中基础信息占80%,管理流程信息占20%。基础信息和管理流程信息有其固有的特点。其中,基础信息相对稳定,但由于其数据数量大,故收集难度大;管理流程信息相对灵活,不易固化,需持续优化。为解决核电厂基础信息不完善、管理流程多样化的问题,中核核电运行管理有限公司近年来不断推进标准化信息系统架构的建成,目前已经形成以 EAM(企业资产管理)、ERP(企业资源计划)和 ECM 三大系统为架构的全生命周期管理体系[10]。另一类是设备信息。屈江林、付振旭提出，随着核电事业与规模的不断扩大，设备的种类和数量也随之不断增加，如何高效、方便地管理这些设备成为当前的迫切任务。因此，他们研究并建立了一套行之有效的设备管理方法，收集并整理设备从生产到报废的相关信息，针对重要系统、重要设备建立完善的设备生命信息库，建立了一套监控和知识经验一体化的电子平台，对设备的型号、使用范围、维修信息、厂商信息进行管理、记录、跟踪[11]。

由于老化与寿命管理技术研究是对核电站寿命与安全分析的重要手段，因此，童小燕、李正等聚焦于老化数据，从我国核电站老化与寿命管理的起因及相关技术研究的现状出发，系统地梳理了核电站老化数据的来源与特点，利用层次分析的观点，引入数据全生命周期的概念，提出影响数据质量的主要因素以及数据表征的体系结构，为开展核电站老化与寿命管理数据质量问题的研究提供重要参考[12]。

2.1.3　全寿期管理决策

核电是高效、安全、清洁、经济的能源，但它和一切进入市场的产品一样，有其市场寿命周期[13]。因此，基于其全寿期管理辅助决策尤为必要。

在成本决策方面，李卓群认为适应市场的变化，必然导致企业设备管理与维修模式的变化。全寿期成本管理是从设备、项目的长期经济效益出发，全面考虑设备、项目或系统的规划、设计、制造、购置、安装、运行、维修、改造、更新，直至报废的全过程，是全寿期成本(LCC)最小的一种管理理念和方法。尽管设备的全寿期成本在设备的选型及设计阶段已大部分确定，但对电力系统的设备来说，设备故障引起的损失占成本中较大的部分,LCC 对运行电厂而言,在技术改造、检修方案、检修策略研究中同样适用[14]。张柏山、徐丹认为核电企业基建期投资成本发生的特点对整个项目的经济性及成本结构、规模有着决定性的作用。从基建投资管控起步,在基建期即树立"从源头管控成本"的理念,通过优化现场工作安排,建立健全投资控制体系、制度与流程,使项目投资完全受控,为项目工程节省了投资,降低了机组投产后的"源生成本"。机组投入商业运行后,成本管理的重点相应地转为与生产机组相关的成本指标管控。基于生产期成本的成本属性及驱动因素的差异,成本管控也各有千秋。一般来讲,可以按"变动成本与固定成本""可控成本与不可控成本""源生成本与后生成本"等要素进行管理。他们提出了基于全生命周期的全流程成本管理,将基建期成本与生产期成本管控统筹起来,通过建立财务模型,随着时间的推移实时对模型进行验证与优化,寻求最优的投入产出比,并通过全生命周期采取模型及实时、动态的维护,形成投入产出要素的敏感性分析结论,以指导实际成本管理工作[15]。周有胜则分析了三代核电工程造价构成,从项目前期决策阶段、施工及调试阶段、发电运营阶段等全寿期的各个阶段,分析各阶段成本控制的措施和方法,以期为国内核电项目成本控制提供途径[16]。

在发展决策方面,一是在数字核电建设的背景下,孙逸民提出用仿真技术建立运行优化预测系统平台的概念,以核电厂设计文件相关的几个环节,设计验证与优化、安全分析、智能化文档、运行维修规划为研究对象,结合仿真建模和虚拟现实等仿真模拟技术,提出运行优化预测并形成智能化基准文档的整合应用方案,以为建设用于核电厂全寿期的智能数字化核电厂提供重要的参考,为计算机仿真技术在核电领域的应用提供帮助[17]。二是在延寿论证的需求下,王大林、赵博考虑到目前核电厂多通过对历史更换数据统计拟合获得设备寿命分布,以确定设备的平均寿命和可靠寿命,而忽视了故障维修和累积运行时间对设备寿命的影响。为解决该问题,根据核电厂设备现场运行特点,他们对威布尔过程的拟合方法及在现场数据处理中的应用进行分析,提出了基于威布尔过程将专家经验寿命处理为失效率指标的寿期决策方法,克服了原方法对现场数据包含信息使用不完全的缺点,并进行了实例计算[18]。薛飞、刘鹏等提出,核电站的寿期管理(LCM)能够对重要设备开展老化评估、可靠性评估等分析,根据分析成果、设备状况、中长期发展规划等因素,制定重要设备的寿期管理方案,并通过经济性评价技术优化寿期管理方案。他们阐述了 LCM 技术的发展状况及分析流程,并以凝汽器 LCM 分析为例,详细介绍了 LCM 制定备选方案以及进行优选等关键技术,指出 LCM 技术成果有助于核电站关于重大设备更换/改造时间窗口规划、资金预留规划以及机组能力提升等决策的制定[19]。

2.2　核电文档管理模式研究现状

核电文档是核电企业运行管理的基础、内部控制与质量安全的保障、法规遵从与活动合规性的证明、保存组织记忆和提升竞争力的有效工具[20],具有内容复杂、生命周期长、安全要求质量高、类型与载体广泛、信息要求响应及时等特点[21]。"生命周期"这一视角来源于生物学领域,马费成和望俊成结合生物体的三个重要特性——新陈代谢、自我复制和突变性,得出生命周期方法使用对象应该具备三个重要的属性——连续性、不可逆转性和迭代性[22]。核电文档的一体化程度相对高于其他行业领域,当前,对于核电文档生命周期的研究多从文件全生命周期、文件连续体理论出发进行构建,韩季红[21]、任红[23]、方晶贵[24]、王柏钊[25]等提出从生命周期视角来认识核电文档管理的一体化进程。

2.2.1　信息系统(平台)构建与文档管理

汤文军、施千里基于“华龙一号”数字档案馆建设实践,提出“华龙一号”数字档案馆是“华龙一号”核电项目全寿期文档资源的加工、存储和利用的知识服务平台,通过云平台和企业搜索引擎等技术的应用,不同载体的文档信息资源以数字化的形式集中进行接收、分类、管理、存储和利用,在核电建设和生产运营过程中能够为用户提供准确有效的信息资源[26]。夏韬然提出以将全生命周期管理理念应用到核电站工程项目管理为目标,根据核电工程项目管理的特点,研究可涵盖工程前期、设计、采购、土建、安装、调试、竣工移交等各个阶段,关联进度、费用、工程文档等多业务领域的全生命周期管理方式、方法,并实际应用。他建立了一套数据信息在核电工程全过程的有效共享机制,使电站设计为建造服务、电站建造为运营服务,以保障核电站在运营期的安全运行[27]。

2.2.2　项目管理与文档全生命周期管理

任红、邱杰峰提出在传统核电项目管理模式下,项目参与者之间的关系通常为纵向的指令关系或合同关系,各方在合同范围内彼此孤立,造成项目文档信息不流通。核电项目前期、建造、调试、运营不同阶段的管理者不同,导致了管理活动的非连续性、相互独立性和项目的内在联系被割裂,从而造成项目文档无法按照其全生命周期的正常规律进行管理。任红与邱杰峰构建了核电项目全生命周期文档管理模式,由项目业主方文档部门牵头,项目总包方文档部门全面负责,从各主要参与方中分别选出一至两名文档专业人员一起组成全生命周期一体化的文档中心,作为项目全生命周期文档管理的"旗舰",将项目全生命周期中各主要参与方、各管理内容、各项目管理阶段有机结合起来,实现组织、资源、目标、责任和利益等一体化,相关参与方之间有效沟通和信息共享,以向业主方和其他利益相关方提供完整、准确、系统的文档信息资源。核电项目全生命周期文档管理模式主要涵盖了三个方面:参与方文档部门一体化、管理要素一体化、管理过程一体化[28]。

方晶贵构建了基于全生命周期的核电文档管理优化模型,以使核电项目与文档的全生命周期双线进行。具体是,以核电项目和文档管理全生命周期理念为出发点,将信息共享平台、统一数字证书管理系统(UCM)、本地化管理、特别行动小组、文档管理规范五个主要方面作为基本点,建立了基于全生命周期的文档管理优化模型,并运用该模型对某公司文档控制、文档监管、文档服务、UCM系统等几个方面的文档管理问题进行优化并给出具体的优化方案[24]。

万小燕提出通过对文件从形成、分发、利用、现行保管、归档移交、非现行保管、处置全生命周期的智能化管理,大大提升了文档管理水平和文档资源共享效率。万小燕还以工程文件分发为例,探讨了"基于规则和机器学习的工程文件智能分发"模式在破解工程文件分发难题中的重要作用,阐释了文档全生命周期的智能化管理在核电项目中的应用及其重要意义[29]。

杨建荣以田湾核电项目文档为例,在总结前期经验的基础上,通过不断探索创新管理思路和方法,逐步形成了以"将系列化标准文档条款纳入合同文本"为切入点,以文档管理融入"合同管理全寿期管理"的管理模式,确保将项目文档管理纳入合同管理,以检查其执行和落实情况,规范各参建单位项目文档提交进度和编制质量,确保文档管理目标的实现[30]。

2.3 核电文档单轨制管理研究现状

2.3.1 国内电子文档单轨制管理研究现状

电子文档的单轨制管理作为企业数字化转型工作的重要组成部分,其管理举措和成绩无疑与数字化转型密不可分。核电企业积极应用新兴信息技术,推进实现数字化转型,在核电企业电子文档单轨制管理方面做出了诸多举措,也取得了不错的成绩。作为核电企业的领头单位,2016年中核集团为实现核工业"从跟随转为领先",打造核强国的战略目标,确定了数字核工业战略,中国核电借鉴数字孪生思想,规划设计了智能数字电厂,其中在企业内容管理方面提出知识处理智能化与精准推送的目标,这为核电企业的电子文档单轨制管理的发展指明了方向。江苏核电有限公司在电子文档管理方面的成绩尤为突出。该公司高度重视信息化工作,承接了国家档案局多个电子文件归档和电子文件管理的相关项目,并已建成覆盖公司主要业务领域的信息系统,实现了企业人、财、物等核心业务的集成,推动了公司主营业务流程的优化、集成和数据共享[31]。福建福清核电有限公司也主动申报实施了国家档案局、国家发展和改革委员会"企业电子文件归档和电子档案管理"试点项目和"双周期交互视角下的核电文档智能归档与应用研究"。项目在聚焦系统优化并提升系统稳定性的同时,扩大电子文档收集范围,与业务系统进行接口集成,收集并对业务系统产生的电子文档进行跟踪,实现电子文档全程管理;同时强化电子文档归档和电子档案的管理功能,为将企业中的文档转变为更有业务价值的知识提供技术支撑[32]。秦山核电站也建成了建设数字档案馆室一体化平台,整合数字档案信息资源,分阶段实现数据共享服务[33]。因此,从成绩上来说,核电行业的文档单轨制得到了进一步发展,建立了初步的信息化平台和管理流程,文档管理正在由双轨制向单轨制转变,相关人才队伍的建设也取得了一定的进步,单轨制管理的理念也逐步走进大众视野。

随着数字化时代的到来,核电企业高度重视信息化工作,应用新兴信息技术,明确提出要建立核电企业电子文档单轨制,实现数字化转型,并且也取得了诸多不错的成绩,初步建成了信息化管理平台。如已建成的 EAM 系统可进行文档的编校审批工作,已建成的 ECM 系统可实现文件数据的储存,同时也有部分企业在不同程度上建成了各类文档智慧化数字管理平台,且部分企业已建立了信息化组织机构。与此同时,核电企业在电子文档单轨制管理上的问题也不断显现。主要表现在缺少统一的电子文档管理标准和制度规范,缺少电子文档单轨制的统筹管理规划,没有建立统一的智慧化的电子文档开发利用平台,对电子文档的开发利用程度较低,难以助力信息化效能、降低成本,且没有建立为公司的业务发展提供必要信息服务与知识支撑的档案资源服务体系。

国内电子文档单轨制管理研究在学术层面主要以电子文件为对象展开,具体研究现状如下:

第一,电子文档单轨制管理研究的热度不断升高。在研究过程中,因为电子文件单轨制管理包括电子文件单套制归档和管理,因此以"电子文件"+"单轨制"或"电子文件"+"单套制"为主题,分别在中国知网、万方数据知识服务平台这两个数据库中进行检索,截至2022年8月10日,检索到291篇相关文献。为了更为直观地观察到发表时间和发表数量的关系,绘制了如图2.1所示的折线图。从2009年起就开始出现相关领域的论文,但连续数年只有寥寥几篇;而从2017年起,相关文献逐年增多,说明学者们逐渐开始关注此研究领域,并发表相关学术论文。自2017年以后,相关论文发表的数量逐年增多,且在2019年至2021年迅速上升,可见关于该领域的研究越来越受到学者们的重视,他们纷纷发表学术论文,且结合前文中对电子文档单轨制管理的提出背景来看,未来电子文件单轨制管理的研究仍会继续呈现上升趋势。

第二,电子文档单轨制管理理论和实践不断深入。在检索出的291篇文献中,文献内容主要可以分为相关概念界定、单轨(套)制管理和双轨(套)制管理的优劣势分析、管理模式构建等理论方面的探讨,以及电子文件单轨制管理在我国实施中所存在的问题、实施建议、实践案例和可行性分析等实践领域的研究。既有理论分析,又有实践案例;既有站在宏观角度所提出的通用性的理论与建议,又有站在各个行业、领域,甚至是具体公司和项目的角度所提出的针对性意见与观点,研究成果不断丰富,研究内容不断深入。

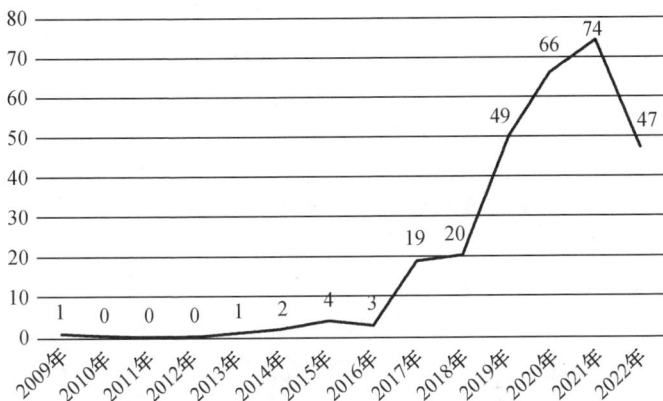

图 2.1   电子文件单轨制管理研究中文文献年度数量折线图

在理论研究方面,冯惠玲在明确单轨制的概念、回顾我国有关政策与实践开展情况的基础上,从两大理由、三大支点以及四大要件论证了实施单轨制管理的可行性,最终提出电子文件管理正在走向单轨制的重要论断[34]。钱毅在总结国内外理论研究和实践进展的基础上,厘清了"轨""套""份"三个概念及其所表达的不同管理需求,并提出了各概念的应用场景和约束要素[35]。齐蕊提出制度+管理+技术三位一体方式构建单轨制电子档案管理的信任保障机制[36]。桂美锐引入协同理论,分析了电子档案单套制管理的主体构成,具体包括政府主体、业务主体、管理主体、技术主体四部分,并对各主体之间的协同关系以及现实困境作了说明[37]。

在电子文档单轨制管理在我国的实施建议方面,超过半数的文章在研究内容上提出了诸多有建设意义的实施建议。冯惠玲在《走向单轨制电子文件管理》一文中提出的建议是,

"只有部署了电子文件管理和长期保存系统,才能启动文件档案管理的全方位变革,使真正的电子文件管理成为可能"[34]。齐蕊在《单轨制背景下电子档案管理模式研究》一文中提出的建议是,"为了解决电子档案收集、保管、利用等各个阶段的难题,应该构建一个档案信息管理的平台,应用大数据技术、云技术、移动数据终端、物联网等技术"[36]。毕建新、李东、刘卫等在《电子文件单轨制管理探索——以国家自然科学基金项目电子文件为例》一文中,根据具体的案例,提出了相应的解决措施,即"完善基金委档案管理体制机制""完善科学基金项目电子文件(档案)管理制度体系""确定职能鉴定结合内容鉴定的二次鉴定方法""制定科学基金项目电子档案元数据方案"和"完善科学基金项目电子文件单轨制管理的技术体系"[38]。因此,关于实施建议方面,一部分是站在宏观角度所提出的通用性的建议,一部分则是站在特定行业或细分领域所提出的有一定针对性的建议。

有关电子档案单轨制实践应用方面的探讨,在已有期刊论文中占比将近 50%,分布在多个具体的领域。在采矿业中,王晓琳等就煤化工企业开展电子档案单轨制管理的潜在风险问题及有关对策建议展开了思考[39]。李春艳以中国石化总部电子公文为例,对公司向单轨制过渡阶段中电子文件整理的相关问题进行了探讨[40]。在制造业中,刘俊庆等探索了航天产品档案的单轨制管理模式[41]。在电子文件单轨制管理在我国实施的可行性分析方面,同样有多篇文章从法律、相关政策、经济、技术等多个方面进行了分析。如丘美嫦在《高速公路项目实施电子档案单轨制的可行性》一文中,具体分析了高速公路项目实施电子档案单轨制具有"实践可行性""技术可行性"和"经济可行性"[42]。

　　由此可见,关于电子文档单轨制的研究不论是在管理理论上还是在实践上均不断地出现新的研究成果,且研究结论在行业方面已经深入到国民经济相当一部分的行业中,相关实践应用的探讨也日趋激烈,且未来还会呈现不断上升的趋势。

　　第三,电子文档单轨制管理的研究角度不够全面。在当前检索到的文献中,已经涵盖了电子文件单轨制研究的多个方面,研究成果丰硕,但是在部分角度的研究上仍然不足,例如综述类文章只有寥寥几篇,很多综述性的内容只存在期刊论文中的前言部分或只存在于学位论文的某些章节,缺乏专门的综述性文章对整个电子文件单轨制管理进行综合全面的介绍分析。关于电子文件单轨制管理模式的研究也寥寥无几,仅有几篇是从宏观角度描述电子文件单轨制管理模式,有几篇是结合具体项目或案例从某个行业的角度考虑得出的管理模式,但他们并没有得出深入且详尽的管理模式,只有较为简单且概括性的总结,没有阐述出该管理模式究竟应该如何在实践中发挥作用、一般管理流程是什么、制约条件是什么,以及核心约束要素是什么。除此之外,关于电子文件单轨制的相关技术方面的文章也较为稀少,且缺乏整体的技术框架体系、管理系统或软件应用等方面的文章。

2.3.2　国外电子文档单轨制管理研究现状

　　经查阅发现,国外的电子文档管理领域并无“单轨制”“单套制”等表述,但有“数字转型”(digital transition)、“数字连续性”(digital continuity)、“无纸化办公”(paperless office)等较为相似的概念,与此同时,国外并无“电子文档”表述,而使用“电子文件”这一概念。因此,以以上关键词来进行文件检索,并得出以下结论。

第一,理论研究成果颇丰。诸多发达国家信息化发展速度较快,信息化基础设施良好,占据了数字化时代发展的先机,与此同时,因为在电子文件管理方面起步较早,已经有了诸多相关理论研究成果。早在 1996 年,澳大利亚档案学者 Frank Upward 在《档案与手稿》上发表了系列论文,并提出了文件连续体(records continuum)理论。文件连续体是指"文件往复运动于从生成到处置的连续体中的一个过程"[43],这一定义揭示了对文件形成、保存和长久利用应实施一体化管理的理念。1994 年,加拿大档案学者 Terry Cook 提出档案后保管主义,并于 1996 年在第 13 届国际档案大会上的主报告再次解释说,纸质文件对应的是保管时代,电子文件对应的是后保管时代;纸质文件的观念是现代的,电子文件的观念是后现代的。档案工作中心由档案实体保管移向形成档案的活动过程,档案工作者必须转变传统的纸质文件管理观念,迎接电子档案管理的挑战[44]。自此以后,"后保管时代"一词在国际档案界广泛流传。

第二,实践应用研究深入。国外学者在电子文件管理的实践应用(如软件应用、管理系统)等方面的研究都较为丰富。如 Marisa Raquel De Giusti 等描述了存储库中正在开发的原型,该原型使用 DSpace、Archivematica 和 ArchivesSpace 软件工具[45]。在电子文件管理系统与各种数据库、操作系统、安全储存等应用系统进行一体化集成中,Elsa K. Anderson 从知识库、预算、管理、许可、报告五个部分讨论了资源管理,每个部分简要概述了电子资源管理(ERM)系统以及它们如何补充或扩展现有图书馆系统,例如 ILS(集成图书馆系统)[46]。在医疗领域中,Matthew D. Ralston 等指出越来越多的医院使用"图片归档和共享系统(picture archiving and communication systems,PACS)",该系统能够改变过去的手工管理档案,提高文书工作的自由度和效率[47]。

第三,自上而下的数字化转型。在数字化转型上,不论是国家层面还是相关部门方面均出台了诸多指导性甚至强制性的政策和管理性文件,以进一步促进国家电子文件的数字化转型。2011 年,澳大利亚国家档案馆在广泛征求政府部门意见的基础上制定了"数字连续性计划"(digital continuity plan),旨在促使澳大利亚政府在数字环境中建立更为高效的业务处理流程,提高数字信息长期保存的安全性[48]。2012 年 8 月 24 日,美国管理和预算办公室(OMB)、美国国家档案与文件署(NARA)联合颁布的《政府文件管理指令》明确提出数字文件强制目标[49],该指令代表着美国公共部门的文件管理政策开始向确保更广泛地捕获以数字形式存在的美国政府的历史文件数字保管模式转变[50]。

2.3.3 电子文档单轨制管理研究现状评价

第一,关于国内外电子文档单轨制的环境评价。国内电子文档单轨制的政策环境、技术环境和实施环境都在不断优化。从政策角度来看,从 1999 年国家发布有关电子文件的标准——《CAD 电子文件光盘存储、归档与档案管理要求》(GB/T 17678.1—1999)开始,我国陆续出台了一系列电子文件法律法规,正式开启了电子文件管理历程,到《"十四五"全国档案事业发展规划》中明确提出档案管理数字化、智能化水平得到提升,档案工作基本实现数字转型[51]。在技术环境方面,随着人工智能技术的发展,整体社会信息化水平的不断提高,以及针对电子文件单轨制的关键技术的研究,如《单轨制管理模式下电子文件真实性技术保障对策研究——以"X工程电子文档管理系统建设"项目为例》《基于区块链技术的电子档案单轨制探讨与实践》等结合实施案例或关键技术研究的文章不断出现,可以得出技术环境和实施环境正处于不断优化的过程。

国外电子文件管理的发展环境相较我国存在较大不同,各发达国家在数字转型过程中,已制定出多种电子文件管理的转型计划,且文件管理数字转型的基础理论研究、实践应用、软硬件的技术方案等成果均颇为丰富,前文已详细论述。因此我国在电子文件单轨制管理方面虽呈现高速发展之势,电子档案单轨制建设框架和政策性保障体系初步形成,但与发达国家相比,仍然有较大的发展空间,需要由点及面进一步探索。

第二,关于国内外电子文档单轨制的理论评价。国内电子文件的理论研究正在不断丰富,从检索的291篇文献来分析,关于理论研究的文章不在少数,主要以概念辨析、单轨(套)制与双轨(套)制优劣比较、可行性分析等方面的文章为主,关于管理模式和技术方案上的相关理论文章数量较少,尤其是符合我国企业电子档案管理实际需求方面的研究缺乏深层次、系统性的研究。而国外在电子文件理论研究方面有诸多研究成果,如文件连续体理论、后档案保管理论、业务流程重组等。

第三,关于国内外电子文档单轨制的实践评价。国内在电子文件单轨制的实践方面已有诸多探索,如京东集团实行的"智慧财税"改革,通过信息传输和共享网络,实现各种系统与财务信息系统之间的无缝对接,未来有望实现财务文件的完全电子化。江苏核电作为国家首批电子文件试点单位,在 2018 年 2 月通过了试点检验,真正将国家对于电子文件元数据以及四性检测等要求落实、落细,为其他企业提供了优秀的借鉴经验[52]。

国外在电子文件单轨制的实践方面相较我国发展得更为迅速,已经从企业进一步发展到政府,如美国 OMB、NARA 联合颁布的《政府文件管理指令》明确提出数字文件强制目标[49]。除此之外,在软件开发工具和电子文件管理系统方面的实践探索也颇为丰富。如瑞典学者提出了一种基于 P2P 网络的分布式归档系统,该系统是一个免费的开源内容管理系统,用于乔治梅森大学(George Mason University)开发在线数字馆藏 Omeka,以及作为社区支持的开源软件 Fedora 等。

2.4 核电文档合规性管理研究现状

2.4.1 国内外电子文档合规性管理的实践探索

2020 年新修订的《档案法》第三十七条规定,"电子档案应当来源可靠、程序规范、要素合规",明确指出电子档案合规性管理的具体要求。在此背景下,学界与业界从档案学、司法、信息技术等视角出发,围绕电子档案管理中来源可靠、程序规范、要素合规三大板块展开了详细讨论。

(1)档案学视角

刘越男从责任者、活动、时间和系统四个方面对"来源可靠"进行阐释,指出要通过规范化管理过程控制电子档案这一管理对象,强调元数据是实现电子档案管理"程序规范"的关键内容,"要素合规"允许管理者根据规范要求与实际情况对具有分散性、复杂性和可变性的电子档案构成要素进行一定取舍[53]。薛四新从多个方面出发建立电子档案三维质量模型,并提出从建立全员质量责任制、推行全程电子化模式、建立全域监督评估机制三个方面促进电子档案合规管理[54]。钱毅通过分析在档案管理对象"从数字到数据""从可读到可信""从要素到空间"三大演变趋势中产生的问题、挑战,提出了"三构"设想,即构建相对完备的理论框架,构建面向模拟态、数字态、数据态的规范体系和构建面向实现的行业生态,这一设想对电子文件的未来发展研究和管理实践提供了方向和路径,继而在实现档案工作从模拟空间向数字空间迁移的过程中促进档案信息化的发展[55]。

而由加拿大英属哥伦比亚大学(UBC)信息学院(school of information)的 Luciana Duranti(露西安娜·杜兰蒂)主持的"电子系统中文件真实性永久保障国际项目"(international research on permanent authentic records in electronic systems, InterPARES)可认为是国外在电子文件合规性管理领域的代表性理论探索。该项目从维护电子文件长久真实性这一角度出发,在电子文件生命周期的不同阶段围绕真实性、完整性、可靠性、准确性等方面探索保障电子文件可以长久被信任且被利用的方案[56]。

(2)司法视角

蔡学美、许晓彤、刘冰等探讨电子档案合规管理的具体内涵。蔡学美详细分析了国内法律法规中对于电子数据作为证据使用的相关规定,总结了电子数据的生成、保存的六点要求,并从电子公文要素出发,从背景、案卷、形成、管理、效力五个方面类比分析了电子档案的要素要求[57]。许晓彤在分析14部详细规定电子证据审查判断的法律文件的基础上,从证据的真实性、关联性、合法性出发,将其在司法电子证据语境中的内涵与对应电子档案的管理要求一一对应,保障电子档案的凭证价值[56]。刘冰认为来源可靠即电子文件形成要有法定性,程序规范即电子文件生命周期各环节的规范性,要素合规即对内容、结构、背景等电子文件的生效要件的要求,从电子文件概念辨析、管理范围、法律效力、全程控制、标准规范、测试和认证机制、权利归属七个方面重点分析电子文件立法的相关问题[59]。

(3)技术视角

从技术层面来看,不少专家学者探讨运用元数据、电子签名、区块链等技术保障电子档案管理的合规性。陈永生等分别对电子档案保管阶段和利用阶段的安全保障进行研究,在保管阶段提出了建立凭证信息、完善档案封装等方法,在利用阶段提出了副本利用、三分系统角色及权限、元数据等方法,并将四性检验和档案备份列为电子档案管理全流程的支撑性安全保障[60]。蔡学美同样强调了留存电子文件在其全生命周期各阶段产生的元数据对保证电子档案的真实、完整、可用具有重要作用[61]。

(4)实践项目

目前国内已经存在一些保障电子文档管理合规性的实践项目。俞辉等提出"电子签名+XML封装+PDF+四性检测"方案,用以保障杨房沟水电站BIM系统施工验收电子文件在线归档的合规性[62]。彭蒙蒙展示了国泰君安证券股份有限公司综合理财管理平台和电子档案管理系统间的归档接口设计及相应流程,构建了公司对于电子档案的存储架构,分析了电子档案归档及长期保存环节的"四性"检测标准及内容[63]。毕建新等以国家自然科学基金项目电子文件为例,对电子文件单轨制展开探索,分析了国家自然科学基金委员会在从双轨制向单轨制转型过程中暴露出的问题,提出了完善档案管理体系、采用二次鉴定方法、指定个性化的电子档案元数据方案、完善第三方签章管理系统等对策[38]。高闯等对空客德国公司进行三维产品数据归档现状调研,发现其从文件格式、电子全文封装、数据库安全、物理存储、安全备份、一致性校验、权威认证等多个方面保障电子档案合规,具有严谨性[64]。郝丽欣等从系统安全性、文件数据溯源、责任者追踪三个方面分析如何保障建设项目电子档案"来源可靠",重点从内容固化、元数据和封装包、电子签名三个方面规范电子文件形成过程,并以质量检测报告单、水准测量记录表等具体文件为例,对数据溯源进行说明[65]。

在核电领域,施千里以福清核电"华龙一号"重大建设项目中的电子文档管理工作为例,从制定电子文件元数据方案、整合业务系统和文档一体化系统、技术保障文件格式和内容的正确性与完整性、提供丰富配置界面和批量处理工具四个方面,对电子文件归档进行规范化管控,并对电子文件"四性"管控进一步分析,最终达到了电子文件全过程管理、电子文件归档和电子档案管理规范化等效果[32]。杨强等分析了当前核电档案管理领域存在的问题,提出通过建立联盟链以及配套的文档信息系统的方式,以实现文档跨组织共享及移交、文档全生命周期真实性保障以及电子档案长期保存[66]。樊金龙提出了智慧核电区块链安全架构,并基于区块链进行核电供应链管理、核电实时数据共享管理以及核电设备监造管理[67]。中国电力建设集团有限公司通过改进分布式账本解决方案平台(Hyperledger Fabric),实现了在共识机制、节点角色、上链数据等方面的创新,达到了电子档案管理全过程展示、电子文件真实性验证等系统效果[68]。

中核中原信息资料部的崔秀敏结合中原公司承建的巴基斯坦恰希玛一期、二期项目以及"华龙一号"卡拉奇项目的实践经历,从业主国相关法规制度差异、海外核电建设项目中文件类型与归档范围变化、海外项目文件质量、海外项目文件印制与运输方式改变、海外项目文件管理接口、海外项目文档管理队伍建设六个方面出发,对海外核电建设项目文档管理展开思考[69],提出了从编制检查清单、加强前端控制、使用灵活的出图方式、精心设计接口并保证其流畅、做好档案分级和应急管理以保证档案安全、根据项目特点增加新的档案类目、积极与业主沟通交流、加强信息化管理八个方面创新境外项目的档案管理,并对电子归档过程中存在的是否在施工记录等形成过程中推行电子表格、是否可以按照档案的分类决定归档纸质版的问题提出了相应思考[70]。

国外早期有关电子文档合规性管理的代表性实践项目包括文件连续体理论支持的BAC项目,以及文件生命周期理论支持的UBC项目。BAC项目由美国匹兹堡大学主持,围绕电子文件的产生、识别、捕获、管理、利用等步骤提出了一整套管理模型,并制定了六层元数据规范结构;UBC项目由加拿大英属哥伦比亚大学主持,可被视为InterPARES项目的前身,项目从系统与管理两个方面实践了保障电子文件真实性、可靠性的具体方法,验证了生命周期理论在维护电子文件真实性、完整性等方面的适用性。由BAC项目发展形成的Pitt模式也被称为集中式电子文件管理模式,这一模式的代表项目为由国家档案与文件署(NARA)主导的电子文件档案(ERA);而由UBC项目发展形成的UBC模式也被称为分布式电子文件管理模式,该模式的代表项目为澳大利亚国家档案馆在 20 世纪末的管理实践工作。

2.4.2　国内外电子文档合规性管理实践的启示

当前已陆续有学者围绕《档案法》中对电子文件合规性管理的新表述,从档案学、法学、计算机科学等多重视角展开讨论,在基于流程的电子文件管理和单轨制环境下的电子文件合规性管理等领域已取得了一定的研究成果,且由于档案管理前端控制意识的提升,组织机构的文档管理工作也呈现与业务流程协同的发展趋势。冯惠玲等对国外电子文件的管理模式进行案例分析,提炼出对我国电子文件管理工作具有参考价值的经验,其中与电子文件合规性管理相关的启示包括确立电子证据意识、完善法律法规框架、促进制度标准建设、制定推广电子文件管理系统功能需求规范等[71]。

综合分析当前国内外在电子文档合规性管理的实践情况,对本书的研究以及未来电子文档合规性管理工作主要具有以下几点启示。

(1)完善法律法规建设,构建自顶向下的制度、标准体系

我国在电子文档合规性管理立法方面尚处于起步阶段,即未有健全的法律体系对电子文档合规性管理的具体要求进行界定和规范。结合安小米等对美国、加拿大等 15 个国家和 1 个地区电子文件与数字档案管理有关的法律法规、政策标准[72]的研究成果不难发现,一方面,电子文件合规性管理是电子文件凭证价值的重要保障,具有重要的司法意义;另一方面,完善相应的法律法规建设,有利于规范电子文件管理工作,在规整业务工作生态、提供文档信息保障等方面有重要作用。而构建从国家体系到行业体系、从宏观规划到元数据等具体方案的自顶向下的制度、标准体系,则是电子文

档合规性管理工作的必然要求。

（2）深化理论研究框架，以多维融合的理论研究成果指导业务实践

以国外电子文档管理发展情况为例，集中式管理模式与分布式管理模式分别以文件连续体理论和文件生命周期理论为理论支撑。由此可见，理论在实际业务中具有纲领性、导向性作用。而我国学界当前研究多局限于概念辨析和理念探讨，缺乏理论层面的深入研究，理论支撑性弱，难以有效指导一般组织机构的业务系统开展实践工作。有学者指出，电子文件管理的理论框架应从微观、中观、宏观三方面进行填充，其中微观为可靠的 ERMS(electronic records management system,电子文件管理系统) 及相应技术，中观为具体制度，宏观为发展战略[73]。参考这一学说，当前理论研究应在单轨制背景下，结合国情、行情、档情，聚焦双周期交互等新兴理论，构建法规、标准、管理、业务、技术等维度共通共融的科学体系。

（3）创新实践应用思路，以科学理论与先进技术为矛直击行业现实需求

一方面，组织机构中现有的文档组织管理方式单一，尚处于业务后端；另一方面，虽然已经意识到文档在业务流程指引、记录、规范方面的重要价值，但在业务活动中很少专门关注文档管理，业务系统与档案管理系统归档集成框架也处于探索阶段，文档管理工作总体对组织机构具体业务活动的支撑力度还有待提升。随着人工智能、云计算、区块链等技术的发展，业界对于电子文件管理已经积累了一定经验。在国内外各实践项目的经验支持下，核电行业应找准当前电子文件合规性管理工作的痛点，结合过往经验、工作现状与长

远发展目标三个方面分析自身需求,以构建的电子文件合规性管理创新理论为纲、以先进的计算机技术为器、以按阶段推进的创新思路为引,落地合规的电子文件管理体系。

2.5 核电文档连续性管理研究现状

双周期交互的文件管理研究,首次出现在李喆等对业务流程生命周期和文档生命周期交互的文档管理研究中,他们创新提出了这一文档管理理论,并概括性地阐释了双周期交互的关系构建与实践方法。事实上,在这一理论提出之前,就有研究者对以业务数据为核心的文档管理模式进行了相关研究。理论方面,刘越男研究了数据管理大潮下电子文件管理的挑战与对策,她认为在数据管理大潮下,需要建立电子文件与数据管理的概念关联,构建协同发展的电子文件数据管理生态环境。她强调了在现在和未来的文档管理实践中,数据管理占据着重要地位。实践方面,王强等则以中国石油业务系统数据归档实践为例,研究了目前业务数据归档的现状与问题。这表明目前业务数据归档缺乏相应的理论支撑和实践指导,存在亟待解决的问题。综上所述,双周期交互是大数据浪潮下文档管理研究与实践不可绕过的领域,越来越多的学者开始发现和重视业务数据管理在企业文档管理过程中的重要地位,而双周期交互理论,或许会为这一新的管理方向提供一种理论可能。

2.6　小　　结

　　本章主要对国内外电子文档的相关研究进行了系统梳理,主要包括核电业务周期与文档生命周期研究现状、核电文档管理模式的研究现状、核电文档单轨制管理研究现状、核电文档合规性管理研究现状、核电文档连续性管理研究现状等。

3 双周期交互与核电文档管理概述

3.1 双周期交互的基本内涵与理论阐释

3.1.1 双周期交互的内涵

双周期交互理论,概括来讲,就是在文档管理的全过程中,通过业务数据的交流,实现文件生命周期与业务流程生命周期的交互协同。双周期交互理论从全程观的角度出发,以业务数据为抓手,促使文件生命周期与业务流程生命周期交互协同,从而实现文档管理以业务为导向、文档数据为业务赋能的高效管理模式。与传统的文档管理理论以文档为核心管理内容的思路不同,双周期交互理论将数据视为最小管理单位,通过数据管理实现双周期的交互发展,最终实现文档高效管理、业务高效发展的目标。

双周期交互理论有四个核心要素,包括文件生命周期、业务流程生命周期、业务数据与交互关系。

文件生命周期,是指文件从产生直至丧失作用而被销毁,或者具有长远历史价值而被档案馆永久保存的整体运动过程,具有明显的阶段性特征。这里的"文件"在概念上是指"大文件",包括现行文件与档案两大部分,即"文档"。因此,本书研究中的文件生命周期亦可理解为文档生命周期。

业务流程生命周期,是指业务从诞生到衰退的全过程,通常根据具体应用场景的变化而不断变化。本研究是以核电项目为核心研究对象,因此主要关注核电企业的业务流程生命周期,即由设计期、建造期、运行期、延寿期和退役期五大部分构成的核电项目建设周期。

业务数据,是指在业务流程生命周期各个环节中产生的数据的集合,它是核电文档的核心构成内容,也是支撑业务持续运行的重要资源。

交互关系,是指文件生命周期与业务流程生命周期相互影响、协同发展的交互关系。它分为两个方向,一个方向将文档管理(文件生命周期)融入业务流程生命周期;另一个方向则是根据业务发展的实际需求,从文档中获取相应的文件、数据资源,用于反哺业务发展。交互关系可以具体拆分为业务数据、运行流程、管理标准和信息系统等方面的交互。

除了上述四个核心要素外,双周期所涉及的各项管理标准、各个管理信息系统也是双周期交互理论的重要组成部分。

3.1.2　双周期交互的依据

(1)理论依据

双周期,即业务流程生命周期与文件生命周期,是企业发展过程中两个重要的运行轨道。目前关于文件生命周期的研究非常成熟,包含理论研究与实践研究两大部分。其中,理论研究的宏观层面包括对其概念、发展现状与前景、中国化等方面的研究,或是将文件生命周期与其他档案理论进行对比、融合研究;微观层面则包括对文件生命周期各个环节的划分依据、生命周期中的元数据管理等方面的研究。针对文件生命周期的实践研究也非常丰富,包括相关应用形式、应用场景与应用设计的研究。而关于业务流程生命周期的研究则通常以领域为划分依据,例如对核电领域业务流程生命周期具体环节的研究等。上述研究为双周期交互理论的构建提供了充分的理论基础。

双周期交互理论研究则以全程观视角融合业务流程生命周期与文件生命周期,使得两个周期交互协同,共同发展。双周期交互理论的雏形诞生于李喆等对业务流程生命周期与文件生命周期交互的文档管理模式研究,在该研究中,研究者初步提出了双周期交互这一全新的文档管理研究思路,并对双周期的具体概念、交互的内涵与实质进行探讨,从而为企业档案管理提供模式参考。本研究在李喆等研究成果的基础上进行深化与拓展,引入数字连续性、文件连续体、文档一体化、前端控制、全程控制等成熟的档案管理理论,并融入先进的档案管理技术思维,形成一套兼具理论性与实践性的双周期交互文档管理理论体系。

综上所述,双周期交互理论的研究雏形为理论构建提供基础思路,成熟的文件生命周期与业务流程生命周期的理论研究成果为双周期交互理论提供构成要素,数字连续性等先进档案理论则对双周期交互理论进行补足。因此,双周期交互理论具有较为完备的理论基础。

(2)政策基础

核电行业是国家能源供给体系的重要组成部分,核电文档是核电业务发展的记录与支撑。因此,双周期交互理论作为服务于核电企业业务发展的文档管理理论,其政策基础正是由国家的能源政策、经济政策和档案政策法规等多领域政策共同构成的。

能源政策方面,《"十四五"能源领域科技创新规划》等能源发展政策强调了核电作为能源的重要地位,提出"在确保安全的前提下积极有序发展核电",核电文档作为核电企业的重要资产,应该与业务同步发展;《关于加强核电工程建设质量管理的通知》则强调了核电业务全程监管与信息化管理的重要性,而核电文档作为核电业务流程的重要管理依据与企业信息化的重要管理对象,其管理理论与模式发展的重要性不言而喻。

经济政策方面,《关于加快推进国有企业数字化转型工作的通知》等政策强调了国有企业数字化转型的重要性与必要性,提出"强化数据驱动理念""构建数据治理体系"等发展规划。核电企业作为国有企业的重要组成部分,也应当秉持"数据驱动"的理念,在文档管理中重视数据的管理与价值挖掘,使数据最大限度地为业务发展赋能。这就需要全新的文档管理理论作为理论支撑。

档案政策法规方面,《档案法》和《"十四五"全国档案事业发展规划》明晰了档案管理信息化、现代化与档案治理在档案事业发展中的重要地位,为全新的、符合时代发展需求和企业实际发展需求的新兴文档管理理论的构建提供了最直接的政策支持。

综上所述,双周期交互理论具备充分的政策基础,其提出顺应了时代发展的潮流,也响应了核电企业发展的实际需求。

（3）现实条件

核电领域的文档管理实践和围绕核电领域文档管理现状研究的实地调研构成了双周期交互理论发展的现实条件。

核电文档管理实践项目为双周期交互理论提供了数据、标准与技术维度的参考，包括核电文档的相关管理指标、核电文档的元数据标准、核电企业业务系统中电子文档自动归档设计方案等，使双周期交互理论的设计不会浮于表面，而是贴合核电企业的发展实际。此外，核电文档管理实践中显现出的问题也为双周期交互理论的发展方向提供了指引，在双周期交互理论的构建过程中，可以针对这些问题进行重点研究与解决。同时，核电企业的业务系统与档案管理系统也可以作为双周期交互理论研究与实践的基础平台，从而节省大量的时间与物质成本。除了核电领域的文档管理实践外，其他工程项目与相似企业的文档管理研究也可以作为双周期交互理论的实践案例参考。例如中国航天科技集团有限公司的 AVIDM 系统和武器研发运用的 PDM 系统，都对双周期交互理论的构建有参考价值。普适性的智能图纸无纸化技术与应用研究等文件数据管理技术也为双周期交互理论的实践提供了技术支持。

而在核电企业的实地调研则更加明晰了核电文档管理的现状、问题与需求，为双周期交互理论的发展指明方向。在调研中，深入了解了核电文档的构成、核电业务流程生命周期的各个环节、核电企业文档一体化的具体措施与实施情况及核电档案管理系统的相关情况等与双周期交互理论息息相关的内容，为双周期交互理论的构建奠定了夯实的基础。

综上所述，双周期交互理论具备夯实的现实条件，既能为理论的构建提供支持,也能为理论的落地实施提供现实土壤。

3.1.3 双周期交互的交互要素及关系呈现

双周期交互包含数据交互、技术交互、业务交互和管理交互四个维度,各个维度的交互要素共同构成了双周期的交互要素。

数据交互维度的交互要素以业务数据和文档信息为主,它们是双周期交互的核心要素。业务数据产生于业务实践,是文档构成的基本要素,可以认为,业务数据是业务流程生命周期的数据化记录,文档信息是业务数据的模式化处理成果。但是成为文档信息并不是业务数据生命的终点,在后续的业务实践中,这些业务数据会被反复使用、修改,从而形成新的文档信息,再投入下一轮循环。

技术交互维度包括管理系统、技术架构和存储方式等交互要素。作为双周期交互工具的管理系统,承担着搭建双周期交互的桥梁、实现业务数据流通的重要作用。传统的企业管理模式中,业务管理的信息系统与文档管理的信息系统是两个相对独立的系统,这导致了管理过程中出现信息不对称、管理操作烦琐重复等实际问题。在双周期交互模式下,则需要统一的管理信息系统来实现双周期的交互管理,使得数据能够更直接、更高效地在两个周期中流通,实现文档管理与业务发展的双向赋能。技术架构和存储方式的交互是为了实现各个环节的技术参数与存储形式的统一,以满足数据与文档交互的需求。

管理交互维度的交互要素包含管理标准、管理方针、组织架构等要素,负责对双周期交互进行宏观调控,保障两个生命周期运行的协调性与统一性。其中,管理标准包括行政管理标准、业务管理标准、财务管理标准、人力资源管理标准等各个部门的系统化管理标准,以及工程操作标准、元数据标准、通用数据标准、文档管理标准等实操性管理标准。管理方针则是指公司的战略方针与发展规划等。组织架构能够从部门的职责分配和人员的配置上为双周期交互提供组织保障。总的来说,管理交互难度体现了宏观管理层面充分考虑业务流程生命周期与文件生命周期发展的实际需求,从而在管理标准、方针与组织架构中体现双周期协调统一的核心理念。

业务交互是在实践层面的交互,包括业务模块的交互与业务实践的交互两大要素。业务模块的交互是指双周期各个业务环节的业务内容存在交互性;业务实践的交互则是指在文档管理实践和业务流程的实践过程中,存在实际操作层面的交互。

双周期交互的交互要素及关系呈现图见图3.1。

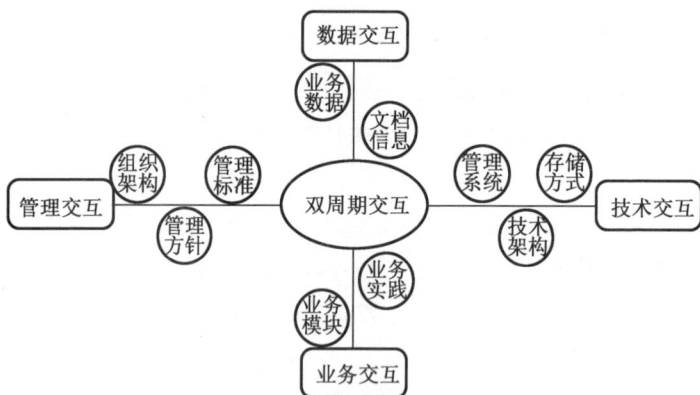

图3.1 双周期交互的交互要素及关系呈现图

3.1.4　双周期交互的交互机理与实现方法

双周期交互的交互机理可以从宏观和微观两个角度进行剖析。宏观角度方面,将业务流程生命周期视作整体来描述两个周期的交互方式;微观角度方面,分别阐释了业务流程生命周期中的各个环节与文件生命周期的交互机理。

从宏观角度来看,双周期交互下的文件生命周期在传统理论的基础上进行了一些实用性的调整,调整后的全新生命周期分别是原始资源生产阶段、数据资源捕获阶段、系统保管阶段、分类处置阶段、按需利用阶段和保存阶段。原始资源生产阶段是双周期的首次交互,指的是业务流程中的业务记录和一些原始的内外部文件等原始资源的产生,这一阶段的记录或者文件可能存在不规范、不统一等问题。数据资源捕获阶段则是对前一环节中产生的原始资源进行数据化处理,此阶段的产物为规范化的业务数据。数据资源捕获的下一步则是将数据录入管理信息系统,在系统中进行暂时性的数据保管,以备后续的处理和使用。分类处置阶段是根据不同业务环节的具体需求,对业务数据进行统计分析、模型构建等不同类别的处理。按需利用阶段则是在数据处理的基础上,向业务环节输出有价值的业务数据、规范性文件和数据处理结果。在这一阶段,业务流程也可能反馈修改过的新数据。最后一个阶段是保存阶段,即数据的"退役"阶段,在此阶段,不再被复用的数据会被封存,同时输出相应的电子文档进行存档管理。

在全新的文件生命周期的基础上,双周期的宏观交互机理见图3.2。整体来说,业务流程生命周期和文件生命周期的交互主要发生在原始记录生产阶段、分类处置阶段和按需利用阶段。其中,原始资源生产阶段是由业务流程单方面产出业务记录和原始文件,这些信息资源流入文件生命周期,作为文件生命周期的基础资源。在分类处置阶段,业务流程生命周期的各个环节向文件生命周期提出具体的业务需求,文件生命周期则根据具体的需求对业务数据进行处理。按需利用阶段是双周期交互最核心的阶段,在这一阶段中,业务流程根据实际需求提取相应的业务数据、数据处理结果或规范文件,并根据实际情况对数据进行相应调整;文件生命周期则需要对业务流程反馈的全新数据结果进行消化。

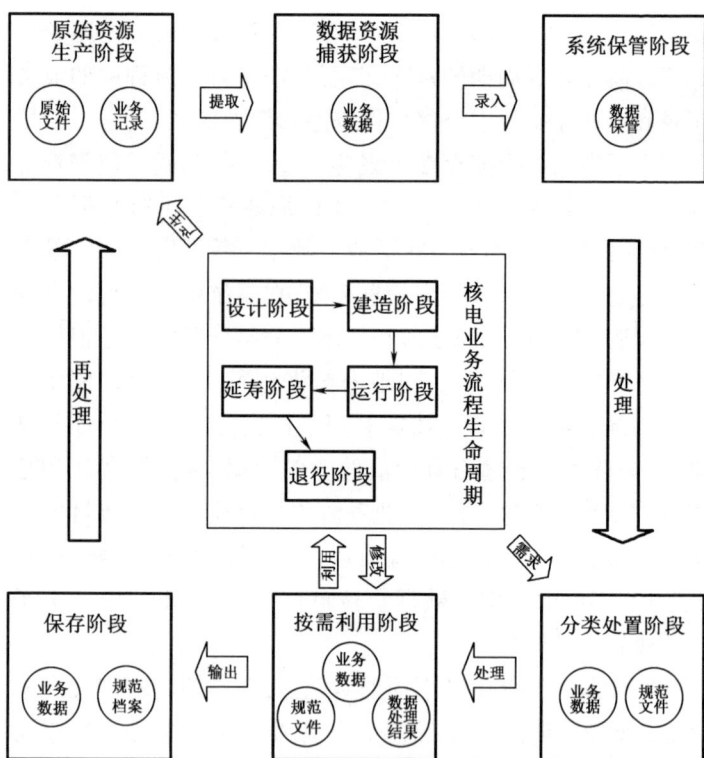

图 3.2　双周期的宏观交互机理图

从微观角度来看,文件生命周期被纳入业务流程生命周期的各个环节,即在业务流程生命周期的各个阶段,都会与一个完整或近乎完整的文件生命周期进行交互。以设计阶段为例,当设计图纸生成后,将图纸中的数据项和数据进行捕获,并将结构化处理后的数据录入系统进行暂时性保管;一旦有工作人员想要查看图纸或是想对原始图纸进行修改,则可以向文件管理信息系统提出相应需求,信息系统会从数据库中抽取对应的数据,按照图纸的规范性模板进行"组装",输出文件型的数据集;工作人员对图纸数据进行修改后,系统会对相应数据项的数据进行修改和保存,以便后续数据溯源。这只是一个核电实际业务流程中双周期交互常见的例子,而在整个业务流程生命周期中,会发生无数次类似的数据交互与信息交互的情况。

双周期交互的实现方法则是另一个需要讨论的问题。本书研究认为,为了实现双周期之间良好的交互,需要双周期协调的管理标准、业务导向的管理方针作为制度保障,优秀的人才队伍与专业的管理人员作为智力支持,业务管理与文件管理兼备的管理信息系统作为管理工具,以及先进的数据处理技术作为技术支持。

3.1.5　双周期交互的理论价值与现实价值

(1)理论价值

双周期交互理论结合核电文档管理的实际需求与应用场景,探索文件生命周期、文件连续体、数字连续性等理论在实践领域的发展方向,为相关档案理论的本土化、可行性探索提供实际案例。此外,双周期交互理论还补充了文档管理理论的不足,以文档管理与业务发展的交互关系为基础构建的全新文档管理理论为文档管理理论的发展指明了全新方向。

（2）现实价值

在双周期交互理论的构建过程中，着重关注核电领域的发展问题，打造服务于核电文档管理的理论框架，帮助解决核电文档管理实践中的突出问题。除此之外，双周期交互理论亦可服务于不同领域的文档管理实践，助力多个领域的文档管理模式优化和文档利用便捷度的提升，为多个行业的文档管理实践提供启发。

双周期交互理论作为一个全新的文档管理理论，还具有较强的创新价值。首先，该理论创造了全新的文档管理研究思路，将业务需求纳入文档管理理论的研究范畴，实现文档管理与业务运行的深度互动。其次，该理论还提出了文档的动态化和差异化管理理念，在双周期交互的大框架下，根据实际业务需求的不断变化，调整具体管理环节的实施策略。最后，双周期交互理论的出现还为全新的文档管理模式的构建提供理论支持，有助于核电企业革新文档管理模式，提高管理效率与企业效益。

3.2 核电文档的类型与特点、管理现状与挑战

3.2.1 核电文档的类型与特点

核电文档是核电类企业文件、档案的统称，它是核电企业生产经营活动的真实记录。核电文档由核电企业日常工

作中的业务工作、技术研发工作、行政工作等多方面工作所产生的文件档案构成,凝结了企业的发展经验与发展成果,在还原企业发展面貌、推动企业发展中发挥着重要作用。核电文档具有数字化程度高,存量多、增量大,来源广、类型多,知识内容丰富、使用价值高等特点。

(1)数字化程度高

在目前的核电企业文档管理实践中,已经逐步推行数字化管理模式,对文档资源进行数字化存储,并运用企业内容管理系统来进行管理。无论是核电企业的内部文件还是关联企业提供的外部文件,都会在经过数字化处理后存入企业内容管理系统,以供后续管理与利用。总的来说,核电文档的数字化程度较高。

(2)存量多、增量大

核电工程的复杂性、严谨性决定了核电文档具有存量多、增量大的特点。

首先,核电业务产生了大量需要存储的文件。核电工程具有周期长、领域丰富等特点,这些特点决定了核电文档是一个较长周期内、多领域业务产生文档的总和,从时间和领域上为海量文档的产生奠定了基础。而在实践过程中,核电业务流程的每个环节都会产生大量需要被记录的业务数据与文档,在核电工程"退役"之前,这些文档和数据都需要被完整地保存下来,久而久之,就形成了大量的文档基础。

其次,核电文档的增量大、增速快。核电工程作为国家电网的重要组成部分,需要频繁检修和维护。每一次检修和维护都会产生大量的新数据,这些数据并不会覆盖以往的数据,而是形成全新的核电文档,与原始数据一起,为后续的运维业务提供数据参考。也就是说,每一次检修和维护都伴随着核电文档的版本迭代,这些迭代文档构成了核电文档的增量部分,进一步增大了核电文档的储量。

综上所述,核电文档具有存量多、版本更迭快、增量大等特点,这些特点也导致了核电文档管理对象多、管理难度大等管理问题。

(3)来源广、类型多

核电文档来源的广泛性和类型的丰富性源于核电工程的复杂性。核电工程是一个复杂综合的集成体,它包含众多专业性子工程,不同子工程有着不同的工作承接单位,这就导致核电企业需要从不同的信息源收集文档。但是,因为承接单位在阅读核行业质量保证标准、文档管理标准等标准性文件时可能存在了解不全面、理解不透彻的情况,所以最终形成的文件规范性和整体质量较差。这样的文档成果既提高了核电文档管理的难度,也降低了核电文档管理的实际效率和管理质量。此外,核电文档的构成也是非常复杂的。从文档内容来看,核电文档包含运行文件、图纸文件和行政事务等其他方面的业务文件;从文档载体来看,核电文档可能以纸质文档、光盘、磁盘等不同形式存储。无论是内容的多样性还是载体的多元性,都导致了文档实际管理的复杂性和困难性。综上所述,核电文档具有多源异构的特点,要求文档管理模式进行不断改良,以实现来源广、类型多的核电文档的统一、规范管理。

(4)知识内容丰富、使用价值高

核电工程的领域多样性造就了核电文档的知识丰沛性,而核电业务的逻辑性与严谨性则决定了核电文档在业务环节中的重要地位。

核电工程涉及核工程、电气、自动化、建筑、热力学等多个专业领域,由此产生的核电文档则涉及这些领域的专业知识与数据,核电文档又全面地记录了核电业务流程中的各项工程情况。因此,核电文档拥有丰富的专业知识。核电行业是非常重视工程安全和质量的行业。其中,为保障工程安全,需要反复查看核电文档的数据来提供运维参考,而工程质量需要核电文档来记录。可以说,从实用性角度来看,核电文档能够还原工程建设的实际情况,并为后续的工程建设提供相应的数据参考,充分反映和支撑核电工程的安全建设与质量建设。

因此,核电文档的使用价值高、复用性强,需要被长时间、高质量地存储,并能够随时随需被使用。

3.2.2 核电文档的管理现状与挑战

(1)数字化转型发展对文档管理提出了新要求

数字化转型是核电企业立足"三新一高"要求的重要工作方向,其本质是精益化管理,核心是数据产生价值。核电(中国核电财务数字化转型推动企业精益化管理的实践)数据产生于核电业务实践,主要被记录在核电文档中。然而,在传统的核电企业文档管理实践中,管理者缺乏数据管理意识,通常以文档为最小载体进行管理。这种文档管理模式既不符合业务发展的实际需求,又难以实现业务数据的利用价值,并在一定程度上阻碍了核电企业的数字化转型与业务发展。因此,为了响应国家的新兴发展政策,积极推动核电企业的数字化转型,核电企业应当转变文档管理方针,重视数据的价值,以数据为最小管理单元进行管理实践,力争实现文档有效管理与数据价值挖掘的协同发展,高效运用数据,为业务发展创造实际价值。

（2）核电业务流程管理不够重视文档连续管理

数字连续性，是指在所需时间内按照所需方法运用数字信息的能力。核电工程的业务周期时间长，文档复用率高，这要求核电企业在文档管理的实践中重视对文档数字连续性的维护。但是，由于核电文档具有数量大、版次多、关系复杂、保存介质多样等特点，加之文档管理者管理意识的缺乏，在传统核电文档管理实践中并未重视文档的连续性管理，核电的业务流程管理范围更是只涉及文档的产生与使用，完全忽视了文档管理缺乏连续性的实际情况。在此基础上，核电文档管理存在成果混乱、文档缺失、文档内容随意窜改等不良状况，核电文档的"四性"保护面临严峻挑战。

因此，为了提高文档管理的效率，提高文档管理的数字连续性以服务于核电业务的实际发展，核电企业亟须树立文档连续性管理意识，革故鼎新，打造服务于核电业务流程发展实际需求的全新文档管理模式。

（3）核电文档生命周期管理未覆盖业务全流程

目前的核电文档生命周期管理通常分为三个部分，分别是文件入库管理、预归档管理和文件归档管理。首先，将各个业务环节产生的业务记录形成文件，在编校审核后存入文件库。其次，将文件进行预归档，以备后续的管理与利用。前两个环节通常与业务流程同时发生，而文件的正式归档环节则一般发生在核电工程的建设完成后。也就是说，现在的文档管理流程缺乏合理的前端控制环节，核电工程的建设初期是缺乏对核电文档的统一管理，这就导致在后期进行归档工作时，经常出现文档丢失、文档错漏的情况，不利于核电文档的高效管理，也影响了业务环节的正常运行。

总的来说，目前的核电文档管理是滞后于业务流程管理的,核电文档生命周期管理并未覆盖业务全流程。此外,现有文档管理模式缺乏全程管理意识,且各个环节缺乏统一监督,容易出现各个环节相互冲突的现象,从而影响实际管理效率。

3.3 双周期交互理论对核电文档管理的作用及影响

3.3.1 有助于推进核电文档管理模式的革新

双周期交互理论具有极强的创新性,打破了以文档为基础资源的文档管理模式,转而将管理对象调整为文档的核心构成元素数据;尝试从数据层面、技术层面、管理层面和业务层面四个维度,将文档管理与业务流程管理进行融合。这一全新的文档管理理论为核电文档管理提供了全新视角,秉持数据为核心的数据驱动战略,重构核电企业的组织架构,明确企业管理方针的制定目标,规范统一核电企业管理的各项标准,融合优化技术架构与管理系统,在实现对数据的高效管理与价值充分挖掘的基础上,向外围的文档管理和业务流程管理进行效能辐射,最终实现数据管理、文档管理、业务流程管理的协调发展的多边双向赋能模式。

3.3.2 有助于优化业务流程和降低工作成本

双周期交互理论为文档管理模式提供了全新思路,即以数据为核心管理对象的、全程控制的文档管理模式。这种新的管理模式优化了文档管理的环节设置,能够有效提升文档管理的灵活性与动态性,有助于提高文档管理与业务管理的连续性;调整了核电企业内部的组织结构与部门职能分配,因需制宜,合理分配人员,从而使组织结构与实际需求高度匹配,提高企业运转效率。该模式有效地简化了文档的版本更迭过程,减少了内容冗余与管理成本,提升了管理效率,使文档管理模式最大限度地适应核电业务发展的实际需求,尽可能地服务于核电工程建设实践,为业务流程的优化与业务实践的提质增效助力。

3.3.3　有助于促进核电文档资源价值的实现

核电文档具备很高的知识价值与实用价值。从知识价值角度来看,核电文档包含核电工程中所涉及的多学科多领域的知识内容;从实用价值角度来看,核电文档记录的数据复用性高,能为后续工程建设与运维实践提供充足的数据参考。因此,挖掘核电文档资源的价值是十分有必要的。

文档的价值在很大程度上来源于文档承载的各项数据内容。双周期交互理论将数据管理作为文档管理的首要任务,优先保障数据管理的质量和数据价值挖掘的充分性,能够将文档信息以结构化数据的方式进行存储,提高核电文档的利用率与利用效率。以结构化数据为基础,能够实现高效的工程数据调用、多维的数据处理分析与可视化,实现对核电文档的知识价值与实用价值的充分而深入地挖掘,最终实现核电文档资源的价值。

3.4 基于双周期交互的核电文档管理的需求分析

3.4.1 以核电业务为导向实施文档连续性管理

核电文档是核电业务发展情况的文献载体,也是核电业务持续发展的资源支持。核电文档管理不仅是为了将核电业务如实记录下来,还是为了向未来的核电业务提供充足的数据支撑与经验参考。因此,核电文档管理应当以核电业务的实际需求为基本导向,使文档管理成果可以随时随需为业务发展赋能,形成以业务需求为导向的连续性文档管理模式。

3.4.2 将文档管理全面嵌入核电业务的全流程

为了使核电文档全面记录核电业务发展情况,切实贴合核电业务发展需求,快捷准确地为核电业务发展赋能,应当将文档管理嵌入核电业务的全流程,让文档管理融入核电业务发展的各个环节,实现业务情况的实时记录、文档数据的便捷取用、文档管理与业务流程管理双向协同的一体化管理模式。

3.4.3 推动核电业务连续性与文档连续性统一

核电业务的各个阶段具有非常紧密的业务连续性。例如,核电建设阶段需要用到设计阶段的项目成果;运行阶段则建立在建设阶段的基础上,并会根据实际运行情况调整建设阶段的成果。由此可见,核电业务的连续性非常依赖于各个环节的成果,即被存储在核电文档中的业务数据。然而,在传统核电文档管理的实践中,各个业务阶段的文件在收集、整理、归档之后,就被放置在一旁,并没有进行实时管理,而数据更新不及时,缺乏数据连续性,既不利于核电文档的高效管理,也不能为业务发展提供充分参考。因此,为了促进核电文档的高效管理,充分挖掘核电文档的业务赋能价值,在后续的企业管理实践中,应该积极推动核电文档管理与业务管理的融合,在核电业务流程中融入文档管理环节、培养业务人员的文档意识,在文档管理环节中体现核电业务连续性与数据连续性,最终实现核电业务连续性与文档连续性的统一。

3.5 小   结

核电文档具有数字化程度高,存量多、增量大,来源广、类型多等特点,这些特点表明了核电文档管理的范围广、内容庞杂,具有一定的实践难度。核电文档还包含了丰富的知识内容,这些内容对核电业务的发展具有重要的支撑作用。然而,现有的核电文档管理方式存在明显的缺陷,并未满足核电企业发展的实际需求。一方面,企业的数字化转型对核电文档管理提出了新要求,强调文档管理中业务数据的重要性,也要求基于数据对核电文档价值进行深入挖掘与利用;另一方面,现有的业务流程管理忽视核电文档的连续性管理需求,在此基础上,很难产生高质量、高效率的文档管理成果。此外,现有的文档生命周期管理也只存在于部分业务环节中,未能实现文档的实时管理。因此,为了推进核电文档管理模式的革新,优化核电业务流程、降低工作成本,并有效挖掘核电文档的数据价值与知识价值,本研究提出基于双周期交互的核电文档管理模式。该模式坚持以核电业务为导向的文档连续性管理理念,通过将核电文档管理全面嵌入核电业务的全流程,实现核电业务连续性与文档连续性的全面统一。

4 基于双周期交互的 MBP 一体化核电文档管理体系构建

4.1 双周期交互的 MBP 一体化核电文档管理的宏观愿景

4.1.1 MBP 一体化核电文档管理的背景

(1)数字时代核电企业档案工作环境与管理对象发生变化

随着信息技术的发展和大数据时代的到来,各行各业都已迎来数字转型时期,数字中国战略日趋深入,核电企业的档案工作也迎来了新的机遇和挑战。第一,在外部环境方面,政策要求国有企业数字化转型。2020 年 8 月,国务院国有资产监督管理委员会发布了《关于加快推进国有企业数字化转型工作的通知》(以下简称《通知》),全面部署数字化转型工作,要求国有企业主动拥抱新技术,通过企业数字化、网络化、智能化发展,推进企业在快速多变的环境实现转型升级。第二,在行业内部环境方面,国有企业主动拥抱数字化转型。在"碳达峰、碳中和"的政策背景下,电力能源环境面临着转向清洁能源导向和压缩整体电力价值链成本的压力[74]。电力行业作为典型的零碳企业,需要充分抓住时代赋予的历史机遇,因此中核集团公司在《中核集团创新 2030 工程》中提出"2030 年要初步建成智慧核工业"的战略目标,确定了数字核工业战略,提出了数字核电的概念,要实现数字化运营。第三,核电企业的管理对象由模拟态转变为数据态[75]。大数据时代让档案部门在技术手段方面有了明显的革新,随着 EAM、ECM、OA(办公自动化)等系统的使用、普及,原有的纸质档案管理已无法满足利用者的需求,面对核电行业动辄成千上万页的文档资料,相关工作者也需要利用信息技术实现高效检索和智能推荐。除此之外,档案部门还需要深度挖掘电子文档资源的价值,挖掘相关主题的内容,检索出关联信息以及信息之间的联系,为相关部门和人员提供智慧化、可视化、高效的信息资源,从而实现信息资源价值的最大化。而这些无疑是纸质档案所无法企及的,只有电子文档及其相关技术才能够实现此目标。

(2)档案法规政策大力支持企业探索电子文档单轨制管理

新修订的《档案法》第三十七条对电子档案管理规范提出了明确要求——"电子档案应当来源可靠、程序规范、要素合规"。这是对国内外关于电子档案形成和管理要求的高度凝练,具有深厚的理论、实践和规范基础。国家档案局也于 2022 年颁布了《电子档案单套管理一般要求》。不论是在法律层面,还是在相关政策层面,都在呼吁电子文档单轨制的发展和实行。

（3）电子文档单轨制对核电企业业务流程的提升作用突出

经调研得知，核电企业的业务流程包括设计、建造、安装、调试、运行和维修几个大的环节，在这些环节中涉及大量工单的填写、运维手册的查阅和更新等工作，以及常规的企业存在的文件流转、业务对接等工作，且由于核电厂安全要求极高，生产过程中对操作规范要求非常严格，涉及的专业技术众多，对知识积累使用需求高，因此对文档的规范性、智慧性的要求是非常高的。核电企业的相关工作，以传统的方式手写录入工单，填写可能由多人经手，无法查询填写者信息，无法确保档案内容的可靠性；纸质文件在流转过程中存在信息被窜改、内容缺失等风险，且通过扫描形成的电子文档，也不便于后续的查询与利用。而在单轨制的管理模式下，电子文档的管理可以很好地将技术与制度相结合，使电子文档能够按照所制定的元数据标准，完整且规范地填写相关信息；能够利用电子文档系统强大的检索与分类体系和对数据信息的深度挖掘，为不同的用户提供高效的智能查询、多维度的数据展示、智能方案推荐和设备维护上的智能预警等多项智慧化服务。

（4）档案工作支撑核电业务创新亟须实现电子文档单轨制

电子文档的单轨制管理能够让核电企业的档案管理工作发挥更大的价值。电子文档单轨制有利于推进核电企业的数字化转型，核电厂的运营管理主要是以电站工艺系统和设备为主线的资产管理[33]，因此在管理过程中会产生大量有关设备维护和关键技术等的文件资料，而电子文档的单轨制能够利用数字化手段，结合大数据和人工智能技术对庞大的文件资料进行高效的整理分类和数据价值的深度挖掘,为工作人员提供便捷的信息查询服务、智能方案推荐、设备预警等工作,推动数据的价值作用从工具层面上升为生产要素,成为企业的核心资产和战略资源。同时,电子文档单轨制有利于核电企业优化业务流程,提升工作效率。

4.1.2 MBP 一体化核电文档管理的内涵

随着信息技术的高速发展,社会迎来了数字化时代,信息技术凭借其极强的渗透性和协同性深刻地影响了社会生活的方方面面,改变了各个领域的发展步伐,文件管理也在新环境下面临着新的机遇和挑战,即电子文档管理由双轨制管理走向单轨制管理。电子文档管理在我国的学术界讨论中,有双轨制、单轨制、双套制和单套制四个概念。冯惠玲将双轨制和双套制概念界定为:"双套制是同一份文件的电子和纸质版本共同处于储存和可利用状态,双轨制是指两种版本文件同步随业务流程运转"[76]"轨"和"套"的区别在于文件运行状态的不同,"轨"包括了文件从最初的生成到最终的保存或者销毁的全部过程,而"套"则仅仅指的是文件的保存状态。因此,单轨制包括单套制;同理,双轨制也包括双套制。本书所描述的单轨制则沿用了冯惠玲关于单轨制概念的定义,即"单轨制"是指在数字环境中仅以电子方式运行和保存电子文档的全流程,包括生成、办理、归档管理、移交、保存和利用等业务活动,即文件、档案的全程无纸化,而不再同时生成、办理和保存纸质文件[34]。

基于上述背景,一体化核电文档管理至少包括下列三个内涵。

其一,电子文档以数字化方式储存,节约储存空间和资源。电子文档在双轨制管理模式下,需要同时保存电子文档和纸质文件,而纸质文件无疑会占据相当一部分储存空间,且需要成立专门的管理部门,配备相应的管理设施,安排对应的管理人员,且在检索和利用方面不够便捷和高效。除此之外,部署电子业务系统和电子文档管理系统本就是一笔价格不菲的开支,在此基础之上再叠加纸质文件的管理和运行,无疑会将成本进一步加大。据京东集团副总裁蔡磊测算,2018年该公司共生成电子发票15亿张,如果开具手工发票,不仅需要全职员工1万人左右,还会严重拖延物流时间[77]。而电子文档以单轨制的方式进行保存,仅以数字化方式进行储存,是数字化的虚拟文件,其相对于纸质文件而言,所需要的储存空间十分小,而载体的容量又非常巨大,且在后期检索和利用方面都会更为便捷高效。因此电子文档能够有效地节省空间、人力、经济和管理资源。

其二,电子文档以数字化方式流转,利于保持文件"四性"。在电子文档管理的目标上,全世界已经达成了"真实""可靠""完整""可用"的共识,并已经将其归纳为"四性"。为什么说电子文档要以数字化的方式流转才能够保持文件的"四性"呢?第一,电子文档的内容、背景信息、结构三要素只有在全程流转于电子系统中的电子版本中才可能真实完整。关于此有一个经典案例,即1989年至2000年美国关于电子邮件打印之后可否销毁的长达11年的官司,最重要的结论是打印件对于电子文档信息要素的损失不可避免。第二,有许多类型的文件无法以纸质的方式进行保存,如视频文件、音频文件、关系型数据库等。第三,在实践中发现,双轨制管理十分容易出现纸质文件和电子文档内容不完全一致,甚至是一些内容同时分散在纸质文件和电子文档中,且纸质文件容易出现管理不够规范等问题。因此,电子文档同样只有以数字化的方式进行管理,才能够保持其有效流转,实现"四性"管理目标。

其三,电子文档以数字化方式管理,提高其信息化程度。电子文档的单轨制管理仅需要以数字化的方式对文件进行全流程的管理和保存,极大地降低了人力成本和物力成本,让有关管理部门和相关管理人员能够从纸质文件管理的压力中释放出来,集中精力和资源在数字化管理流程与数字化信息利用上,让有关从业人员能够不受时间和空间的限制,随时随地都能够进行信息的协同,促进人与人之间的合作。因此,电子文档的单轨制管理不仅能够提高工作效率、降低成本,还能够进一步加快我国档案事业的信息化步伐,进一步培育档案信息化人才,促使我国的档案管理工作能够更加适应 21 世纪新一代信息技术迅猛发展的步伐,适应当前互联网、大数据、人工智能等技术深刻影响各个领域发展的时代背景。

4.1.3 MBP 一体化核电文档管理的目标

(1)推进企业档案工作数字化转型

电子文档的单轨制管理要通过电子文档管理系统实现企业电子文档的生成、收集、整理、归档管理、移交、保存和利用等业务活动,能够在极小的空间里实现庞大数据的存储和文档检索,能够解决文件元数据的标准化问题,能够通过多种数据库的协同实现多种类型文件的从属管理以及数据的深度挖掘与利用,实现信息的数据化和智慧化,也有利于实现电子文档"真实""可靠""完整""可用"的管理目标。这对于企业传统的纸质文件的管理,无疑节省了企业的储存资源、管理成本、人力成本,且数字化管理能够利用信息技术的协同性、标准化和高效性提高业务流程的处理效率,让文档管理人员更聚焦于电子文档的管理上,让业务人员更聚焦于业务工作的优化上,让电子文档管理系统的技术人员更聚焦于系统的迭代升级上。因此,电子文档的单轨制管理能够利用数字化手段,结合大数据和人工智能技术优化管理流程、节约经济成本、提升企业广泛智能互联水平、培养电子文档管理人才等方面,多维度地促进企业的全面数字化转型。

(2)优化管理流程和降低经营成本

电子文档单轨制管理在业务流程的优化、工作效率提升和降低经营成本方面,有诸多作用。其一,通过对电子文档管理技术和电子文档管理制度的有效配合,电子文档能够对生产经营活动进行真实、全面、完整且规范的记录,不仅避免了纸质文件的错记、漏记或重复记录,还避免了因纸质文件的生产和保管所产生的费用。其二,在文档系统中直接实现电子文档的直接归档,提高了文件的管理效率。其三,在业务流程过程中能够实现业务人员随时随地的对接和协同,不受时间和空间的限制,能够产生高度的共享效应。其四,在文件的管理和利用方面,能够利用电子文档系统强大的检索与分类体系,实现企业文档的多维度展现,适应不同用户对电子文档的分类管理、多维度检索[78]。

(3)支撑业务和促进档案开发利用

传统的纸质文件无法对某些特定的数据类型进行储存和管理,例如关系型数据库、影音资料或多图层的电子文档,且各个档案系统之间是互相封闭的状态,即"信息孤岛"现象,各个系统之间的信息资源是无法交流和互通的。除此之外,在信息的检索和深度挖掘方面,面对浩如烟海的纸质文件,仅仅是阅读这项工作都变得无比艰难,更不必说高效检索和数据的深度挖掘。而在单轨制管理模式下,面对分散异构的数据,各系统之间能够实现互通,当前的信息技术能够实现庞大数据的快速检索,能够利用大数据、人工智能技术实现数据价值的深度挖掘,从多种维度可视化地展现数据之间的关联,得出更加深刻的数据结论,并且能够根据用户的行为数据,为用户智能化地结合业务特征和用户需求来提供拓展方案,同时也能够更直观和更深刻地展现业务数据之间的关系,为业务赋能。

4.2 双周期交互的 MBP 一体化核电文档管理的法理依据

4.2.1 法规依据

在法规依据方面,主要以通用性法规为主,暂未找到专门针对核电行业的电子文档管理的相关法规。在通用性法规方面有诸多法规,如新修订的《档案法》第三十七条对电子档案管理规范提出了明确要求——"电子档案应当来源可靠、程序规范、要素合规"。这是对国内外关于电子档案形成和管理要求的高度凝练,具有深厚的理论、实践和规范基础。2009 年,《电子文件管理暂行办法》(中办国办厅字〔2009〕39号)是为规范电子文件管理,确保电子文件的真实、完整、可用和安全,保存国家历史记录,促进信息资源开发利用,推动国家信息化健康发展,按照国家有关法律法规制定的办法,同样适用于核电文档单轨制管理。

在地方性法规方面,浙江省人民政府办公厅印发《浙江政务服务网电子文件管理暂行办法》,明确提出:"行政机关通过浙江政务服务网办结归档的加盖可靠电子印章的文书类、证照类等电子文件,与纸质文书具有同等法律效力。"中国(上海)自由贸易试验区管理委员会印发《关于加强中国(上海)自由贸易试验区电子文件归档和电子档案管理工作的指导意见》,明确提出:"电子文件与纸质文件具有同等法律效力,在整个自贸试验区范围内全面推广实施单轨制。"从地方性法规上也能反映出,电子文件在法律效力上,终究会在所有领域和行业与纸质文件具有同等法律效力。

4.2.2　政策依据

2016 年,《全国档案事业发展"十三五"规划纲要》和《国家电子文件管理"十三五"规划》首次明确电子文件实行单轨制。2018 年新修订的《电子公文归档管理暂行办法》再一次明确电子文件可以仅以电子形式归档。2021 年 6 月 9 日,中共中央办公厅、国务院办公厅印发《"十四五"全国档案事业发展规划》,明确提出了"十四五"时期我国档案工作发展的主要目标与行动路线。在文中的七个发展目标之一是档案信息化建设再上新台阶,信息化与档案事业各项工作深度融合,档案管理数字化、智能化水平得到提升,档案工作基本实现数字转型。在八大主要任务中再次提出档案信息化的相关内容:任务一,健全档案管理体制机制、完善档案法规制度和标准规范,包括加大电子档案的标准供给和相关标准的解读供给工作;任务五,加强电子文件归档和电子档案移交接收。近些年国家在档案事业发展的政策上,不断地强调信息化、数字化,争取实现档案信息化建设再上新台阶,这无疑表明电子文件逐步脱离纸质载体的束缚,开始尝试以独立身份存在于业务环节和档案环节,双轨制管理将作为计算机技术出现时期的过渡产物,慢慢退出历史舞台。

4.2.3 标准依据

在核电企业电子文档单轨制管理的参考标准方面,主要需参考三大类的标准:一是由国家颁布的所有行业均需要参照执行的国家标准;二是由国家能源局颁布的核电行业需要参照执行的标准;三是由国家档案局颁布的档案行业需要参考的标准。

在国家推荐参考标准方面,《电子文件归档与电子档案管理规范》(GB/T 18894—2016)是于 2017 年 3 月 1 日实施的一项中华人民共和国国家标准,归口于中国国家档案局。这一标准规定了在公务活动中产生的,具有保存价值的电子文件的收集、整理、归档,以及电子档案的编目、管理与处置的一般方法。该标准适用于机关、团体、企事业单位和其他组织在处理公务过程中产生的电子文件归档与电子档案管理,其他活动中产生的电子文件归档与电子档案管理可参照执行。《电子文件管理系统通用功能要求》(GB/T 29194—2012)是于 2013 年 6 月 1 日实施的一项中华人民共和国国家标准,归口于中国国家密码管理局。

在国家能源局所颁布的推荐参考标准方面,有专门针对核电行业的文档管理要求,即《核电文件档案管理要求》(NB/T 20523—2018),该标准由中核核电运行管理有限公司起草,其对核电文档的管理原则、管理职责[具体包括核电文档主管部门的职责、业主和(或)运营单位、参建单位职责、单位职能部门和人员的职责]、管理流程(质量要求、文档流程管理、电子文件管理流程、项目档案的验收和移交要求)均做出了相关规定。《核电电子文件元数据》(NB/T 20418—2017)规定了核电电子文件元数据的结构、定义和编码体系,适用于核电业主和(或)运营单位、核电项目总包商(工程公司)以及专业分包商等单位对核电电子文件的形成和管理。《核电文档管理系统功能要求》(NB/T 20041—2011)规定了核电文档管理系统的功能要求。该标准适用于核电企业对核电文档管理系统的设计开发和评定改进,而且在核电企业采购核电文档管理系统时可作为招投标的依据。《核电档案分类准则及编码规则》(NB/T 20042—2011)规定了核电企业各类活动中产生的全部档案的分类准则及编码规则,适用于核电企业档案部门、职能部门以及全体工作人员对核电档案管理中的分类与编码。

在国家档案局所颁布的档案行业推荐参考标准方面,可参考的标准数量较多,如2022年7月1日开始施行的12项行业标准中,就有诸多核电文档单轨制所需要借鉴的标准,其规定内容与其适用性见表4.1。

表4.1 电子文档管理相关标准

标准名称	主要内容及其适用性
《档号编制规则》(DA/T 13—2022)	规定了档号的结构、编制原则和编制方法。适用于档案馆(室)编制档号
《档案著录规则》(DA/T 18—2022)	确立了档案多级著录模型和原则,明确了档案著录项目及其约束性、著录层级及著录主体,规定了各著录项目的著录要求。适用于档案馆(室)对各类档案的著录

表 4.1(续 1)

标准名称	主要内容及其适用性
《档案服务外包工作规范 第 4 部分 档案整理服务》（DA/T 68.4—2022）	规定了档案整理服务外包工作中发包方工作规范、承包方工作规范、信用评价与质量监督的要求。适用于机关、团体、企业事业单位和其他组织开展不涉及国家秘密的传统载体档案整理服务外包工作
《实物档案数字化规范》（DA/T 89—2022）	规定了实物档案数字化的组织与管理，确定了实物档案数字化前处理、数字化采集、影像处理工作与实物档案验收、移交和入库要求。适用于各级各类档案室、档案馆采用拍摄、扫描等方式对实物档案数字化加工过程的管理
《档案仿真复制工作规范》（DA/T 90—2022）	规定了基于数字图像技术的档案仿真复制工作的组织、管理制度、工作流程、业务外包、设备选型、前期准备、图像采集、图像处理、图像输出、后期制作、质量检查与移交，以及数据管理与利用的要求。适用于各级各类档案机构开展基于数字图像技术的档案二维仿真复制工作，其他单位开展相关仿真复制工作也可参考执行

表 4.1(续 2)

标准名称	主要内容及其适用性
《电子档案单套管理一般要求》(DA/T 92—2022)	确立了电子档案单套管理的基本原则,规定了实现单套管理需要在制度建设、系统建设、资源建设与管理、安全管理等方面达到的要求,提出了可行性评估的方式、方法。适用于机关、团体、企事业单位和其他组织对电子档案单套管理,以及对本单位实行电子档案单套管理的可行性评价
《电子档案移交接收操作规程》(DA/T 93—2022)	明确了电子档案移交接收的工作流程,规定了电子档案移交接收准备工作和电子档案移交接收操作的要求。适用于档案移交单位与档案馆之间的电子档案移交接收操作,其他机构之间的电子档案移交接收操作也可参照使用
《电子会计档案管理规范》(DA/T 94—2022)	规定了电子会计资料形成、收集、整理、归档和电子会计档案保管、统计、利用、鉴定、处置等工作的要求。适用于机关、团体、企业事业单位和其他组织开展电子会计档案管理活动

4.2.4 理论依据

近年来关于文档单轨制理论研究越来越热切,也产生了诸多理论成果,但目前核电行业可以借鉴的仍以通用性的理论依据为主,在检索的过程中暂未发现专门针对核电行业文档单轨制的理论研究。在通用性理论依据方面,冯惠玲教授在明确单轨制的概念、回顾我国有关政策与实践开展情况的基础上,从两大理由、三大支点以及四大要件论证了实施单轨制管理的可行性,最终提出电子文件管理正在走向单轨制的重要论断,这无疑也是核电文档管理的趋势。钱毅在总结国内外理论研究和实践进展的基础上,厘清了"轨""套""份"三个概念及其所表达的不同管理需求,并提出了各概念的应用场景和约束要素,其相关研究理论同样适用于核电文档的管理。齐蕊提出用"制度+管理+技术"三位一体方式构建单轨制电子档案管理的信任保障机制,这一机制在核电企业电子文件单轨制管理模式方面,以及信任保障机制方面均有一定的适用性。桂美锐引入协同理论,分析了电子档案单套制管理的主体构成,具体包括政府主体、业务主体、管理主体、技术主体四部分,并对各主体之间的协同关系以及现实困境作了说明,这一研究成果同样适用于核电行业电子文档单轨制管理。

4.3 双周期交互的 MBP 一体化核电文档管理的要素与结构

4.3.1 MBP 一体化核电文档管理的要素

双周期交互的 MBP 一体化核电文档管理建设的目标是通过组织机构、动作方式、编制体系和信息平台的系统化、集成化,实现项目各阶段文档的完整性、系统性和准确性,从而确保项目参与各方对文档信息资源的需求和利用,涉及组织机构和人员配置、系统功能与平台建设、制度体系与流程保障、管理方式与质量标准、资金投入与观念转变等多方要素。

(1)组织机构和人才培养

双周期交互的 MBP 一体化核电文档管理模式需要打破项目文档管理要求、归档时间、归档内容上的界限,促进文档管理过程一体化和管理要素一体化,因此必须加强组织机构的合作协调。除明确档案部门、业务部门、信息部门、绩效管理部门等在文件管理方面的职责,理顺它们相互之间的分工与协作关系之外,也可以建立跨部门的专门协调机构,就一体化核电文档管理中的规划、政策、标准等进行跨部门的交流与沟通。

电子文档管理是一个新兴的、复杂的系统工程,缺乏坚实的理论支撑就很可能迷失方向、陷入困境,造成人力、物力、财力的浪费。在人才队伍建设中,应加强理论研究和技术开发,开展全员电子文档管理培训,且定期更新教育与培训内容。电子文档管理是各项业务活动的支撑与基础,因此所有业务人员均应拥有一定的电子文档管理意识,掌握基本的电子文档管理技能。单位会对业务人员调用档案、使用文件、记录数据等内容进行规定和培训,但纸质时代的文件管理知识已经无法应用于电子文档管理,因此必须相应地更新文件管理教育与培训内容,使之适应新的形势与要求。当前特别需要加强文件管理人员在电子文档管理规范与技能,以及相关法律、信息技术、知识管理等方面的教育与培训。

(2)系统建设与制度保障

企业在开展信息化建设过程中,建立了多个业务系统,业务系统建设时,未充分考虑数据架构建设问题,也未开展数据归档工作,各业务系统之间"信息壁垒、信息孤岛"现象依然严重,缺乏统一的数据模型和数据集成。此外,核电建设项目业主方和总包方往往属于不同法人单位,所以在信息化建设方面可能会从自身需求角度建立信息系统,这在一定程度上阻碍了信息沟通和共享。解决这一问题需要实现项目文档管理信息平台的一体化集成,使文档流转通畅,信息及时准确完整地传输,帮助项目决策者做出科学决策。

优化管理流程,形成制度保障,是统一企业内部标准化管理的需要。从组织管理层面来讲,福清核电下设成员部门众多,包含各成员单位所处的阶段不同,处于项目前期、建设阶段、运营阶段的单位对于企业文档管理的诉求,以及实施管理变革和信息化的能力各不相同。由于各成员部门门户、流程管理、文档管理系统异构,数据通过第三方接口传递,稳定性、即时性欠佳。同时,各成员部门之间信息不通,通过邮件、传真进行上传与下达效率低下;各成员单位门户风格、流程标准及文档利用查询模式均不统一,未形成统一标准,不利于标准化推广和快速复制。制度是支撑和规范电子文档单轨制合理合法运行的必要基础,是建立电子文档单轨制运行机制的重要保障。核电厂的很多项目基本都是项目整体投产后一次性接受国家对项目档案的专项验收,那时承包商主要人员都已撤离,所以不可避免地使很多需整改的问题无法得到解决。通过核电文档一体化管理,建设档案分阶段评估验收制度,可以有效地将工作分解到各个阶段,保证项目文档的完整性、系统性和准确性。

(3)观念转变

一体化核电文档管理问题是一个思想认识问题。

首先,涉及证据意识。目前我国绝大多数单位和个人认为,将电子文档打印(硬拷贝)成纸质文件就可以使之具有证据效力,但是像电子邮件、电子订单等电子文档打印成纸质文件后,造成许多依附于计算机系统的元数据缺失、信息不完整,反而使其不具有证据效力。

其次,涉及资产意识。目前我国绝大多数单位和个人没有认识到,电子文档作为电子化业务的凭证性信息,是不可再生的信息资源、极具价值的信息资产与知识资产。某些部门和个人虽然对电子文档有所保管,却很少将其利用。而电子文档作为信息资产最有价值的资源并非在于对其进行有序的物理保管,而是对其进行充分的开发利用,使之真正实现社会效益和经济价值。

再次,涉及风险意识。由于技术的复杂性与脆弱性,电子文档面临严峻的多重风险,但相当多的单位和工作人员几乎没有电子文档风险意识。很多人错误地认为"数据备份了,就安全了""只要计算机不坏,电子文件就不会丢失"。在许多人看来,电子文档管理的质量要求就是"数据不丢失",即便是电子文档丢失了,"大不了,再重录入一遍",对于电子文档风险事故可能造成的严重损失几乎没有概念。事实上电子文档的风险很多,如果管理不当会造成诸多损失,最基本的损失包括电子文档本身的不真实、不准确、不完整、不可读、不可用、泄密、不关联、不及时或不一致等质量缺损情况,连带损失包括未能支持业务活动的连续性、完整性等。

最后,涉及效益意识。目前我国绝大多数单位仍然将希望寄托于"双轨制"与"双套制"以应对电子文档的挑战。"双轨制"是指在运转电子文档处理流程的同时,仍然需要完成相应的纸质文件处理流程;"双套制"是指在保存电子文档的同时,仍然保存对应的纸质文件。"双轨制"与"双套制"非但没有实现信息化提高工作效率、降低工作成本的目标,反而大大抵消了信息化的优势,降低了工作效率,增加了工作任务和投入。"双轨制"和"双套制"在某种程度上属于权宜保守之计,从侧面反映出一些部门和工作人员缺乏效益意识,没有认识到信息化建设的目标之一是提高效率、降低成本。

国家档案局第 14 号令(《国家档案局关于〈电子公文归档管理暂行办法〉的决定》)明确提出符合国家有关规定的电子文件可以仅以电子形式保存,也就是可以实行电子文件归档单套制。但在实际业务工作中,绝大多数企事业单位没有在真正意义上实现电子文档归档单套制,在归档电子文档的同时还大量归档保存了纸质档案,实行的双套制管理,档案的利用还是以"纸质档案为准,电子档案为参考"的模式。在调研中发现,"文件只有打印出来、拿在手里才有安全感,符合大众阅读习惯,也便于单位内部传阅发放"的观念广泛存在。有专家认为"无纸化办公能不能顺利推行,关键在于人们愿不愿意主动改变自己的观念和习惯",因此在推行一体化核电文档建设的过程中,也需注重观念转变,克服依赖心理。必须认识到"双轨制"和"双套制"有着致命的缺陷,尤其是在业务周期和文件周期进行统一和交互的过程中,无法全面应对电子文档的运行和保管。工艺流程图和运行文件中会有越来越多不方便直接打印成纸质文件的,而诸如电子邮件、电子订单等即使被打印成纸质文件,也会丢失部分信息。

(4)评估标准

评估在核电文档管理的转型发展中占有重要地位,管理本身是一个过程,是一个需要不断完善提高的动态过程。在核电文档管理过程中为达到不断纠错、不断改进,实现螺旋上升发展的目标,必须进行有效的评估。通过对核电文档不同阶段、不同任务的评估,及早发现存在的问题,以便决策者、管理者和具体操作者,能够对管理进程始终保持清醒认识,及时了解掌握相关的重要决策规划在具体实施中是否能够与现实情况相吻合,能否起到预期效果等。

评估体系的构成要素通常包括评估主体、评估客体和指标体系。评估主体是 MBP 一体化核电文档管理评估工作中的具体实施者、操作者。从目前的实际情况出发，评估主体的建立可以采用下面两种方式，一种是自上而下、由高到低的方式，即设立全厂的评估中心，并依照此模式在各部门、各科室设立类似的评估组或评估员。这种方式的评估实施具有组织保证。另一种是设立或寻找完全独立的第三方评估组织，即核电文档相关人员本身不进行评估，而是邀请其他专业机构从旁观视角进行分析并提交报告说明情况。第三方评估组织可以由一些专业研究所、专业院校等担任，其评估工作直接对整个单位负责。这种方式由于其评估主体方（第三方）与被评估者没有更多的关系牵连，因此评估结果受外界干扰较少。

评估客体即评估对象，是评估工作中评估主体的工作目标。MBP 一体化核电文档管理涉及的方方面面的因素很多，因此科学合理地确定评估客体是评估工作开展的重要前提条件。一般认为评估可以大致分为对管理方的评估和对业务方的评估，管理方更多是一体化核电文档体系的规则制定者和实施者，他们由单位相关负责人和各具体部门的相关责任人组成。业务方指的是具体操作处理核电文档的人员及设施设备，其中人员的素质与核电文档的管理密切相关，是评估的一个重要内容；而核电文档生存的物质基础，即软硬件设施设备则是评估的另一个重要内容。

指标体系是一体化核电文档管理评估中的核心内容，是开展评估工作的标准和依据，也是评估体系中最难把握的部分。作为标准和依据，指标应当反映核电文档一体化管理中的全部目标或者部分目标，同时明确所涉及的各种不同因素中哪些是评估所需要关注的。由于实施评估时的目的的差别，以及评估工作在实施时的情况不可能完全相同，因此在评估指标体系的应用中，每个具体指标的权重也应有所变化。这就需要结合核电厂实际业务场景及政府各级各类机构强调的相关工作重点来确定评估要点,进而决定评估标准中各指标的权重大小。科学、系统、有效地构建出一体化核电文档管理评估体系,需要对电子文档信息安全管理进行全面、深入的分析研究,设计出合理可行的评估步骤,实现评估数据的输入和评估结果的输出,以保证最后的评估结论成为执行和调整一体化核电文档管理的切实依据和重要参考意见。

4.3.2 MBP 一体化核电文档管理的结构

基于双周期交互的 MBP 一体化核电文档管理体系如图 4.1 所示。

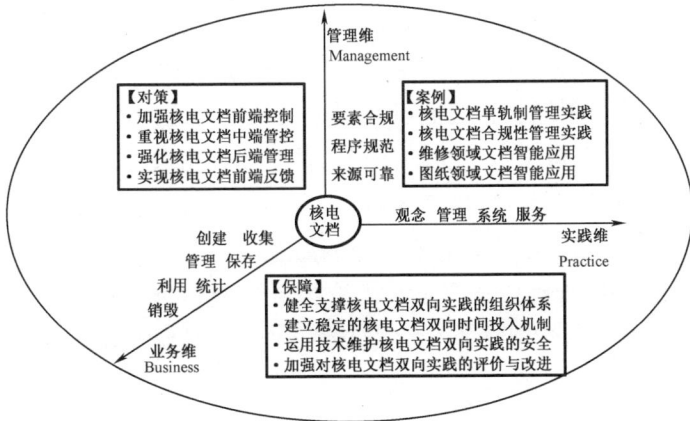

图 4.1 基于双周期交互的 MBP 一体化核电文档管理体系

4.4 双周期交互的 MBP 一体化核电文档管理的框架与运行机制

4.4.1 MBP 一体化核电文档管理的框架

在数据存储部分,核电文档具有格式异构、存储冗杂等特点,其长期保存是实现长效利用的关键。长久保存主要用于对用户所采集的数字资源进行汇总、备份、共享、标准化等,其中主要操作为提交、编辑、智能解析和查看。核电文档的开放档案信息系统(OAIS)数字资源长期保存是将源文件及其描述信息进行校验、封装,文档以原格式和转换后的统一格式共同长久存储在系统中,并通过实体识别和文档内容挖掘、建立不同文档之间以及同一文档内容之间的关联,旨在提供文档数字资源长期保存以及后续利用服务的数据库系统。在核电文档 OAIS 架构内,文档生产者提交文档信息包(SIP),经 AIP 存储信息包进行数据管理与档案存储后形成由 OAIS 保存的符合永久或长期保存属性的信息包,最后OAIS 基于信息用户需求的具体查询指令等将结果集传递给用户,完成信息的存取、发布。

在数据关联部分,元数据是关于数据的数据,其本质是对数据进行描述。对于核电行业而言,核电电子文档的元数据是指描述电子文件内容、背景和结构信息及整个管理流程的数据。未来的数字资源管理平台在功能上将涵盖电子文档管理的大部分生命周期,包括现行文件查询服务、归档管理、移交管理、长期保存、备份管理等。其电子文档元数据方案的管理亦呈现出较为丰富的特点,因而需要综合考虑这些特点带来的文档数据描述需求。在核电领域元数据构建过程中,首先应明确核电电子文件元数据的功能定位与设计思路,在此基础上选择合适的元数据标准,研究梳理现行的可用于核电文档管理的元数据标准体系,如《核电电子文件元数据》(EJ/T 1224—2008)、《文书类电子文件元数据方案》(DA/T 46—2009)。在复用核电领域元数据标准体系的基础上,定义元数据基本术语、元素表与规范表,构建核电企业元数据描述方案并进行实施与优化,从而实现核电文档的数据描述。

在数据描述部分,企业知识库或企业知识图谱是对不同来源、不同层次、不同结构、不同内容的知识进行综合和集成,实施再建构,使单一知识、零散知识、新旧知识、显性知识和隐性知识经过整合提升形成新的知识体系。在当前竞争日益激烈的背景下,知识已经成为核电企业竞争力的源泉,建立企业知识库是企业进一步发展所必需的基础和企业实现持续竞争优势的保证。对于核电企业文档信息管理应用来说,大规模构建并应用知识图谱具有重要意义。参照知识图谱构建的一般流程,从结构化数据库数据、半结构化业务数据与非结构化文档数据中进行实体、属性、关系等知识抽取,经数据整合与实体对齐之后形成规范化的三元组数据,再经知识加工存储至知识图谱数据库,从而为之后的文档知识应用提供数据基础。

在数据治理部分,作为大数据环境下对数据生命周期进行科学管理的一套治理方法,是对数据资产进行管理和控制的系列活动的集合。在核电企业中,数据治理可以实现公司对数据的有效利用。参照 CALIb 数据治理框架,通过对数据架构、基础业务数据与信息资源体系进行规范控制,实现基础数据层的管理;通过对元数据规范、数据质量、数据安全、隐私与合规进行管理实现数据管理对数据价值的保障;而在价值创造层,数据治理主要内容为资源整合与发现和数据统计与分析,整个数据治理是贯穿于全关联模式之中的。核电企业通过数据治理,可以实现的主要核心目标包括:①开发共用的、标准的数据定义;②定义持续开展数据治理所需的业务过程与规则;③建立可持续的数据治理架构、技术与组织;④基于统一的过程识别并消除数据质量问题;⑤监控、管理与报告数据质量。同时为保证数据质量改善工作得到有效执行和落实,核电企业可推行数据治理月报制度和数据质量年度评估制度,对数据存在的固有问题和数据清理过程中新出现的问题做到及时发现和通报,促使问题数据得到及时处理与维护。

4.4.2 MBP 一体化核电文档管理的运行机制

(1)流程规范化,制定项目文档标准条款

为克服电子文档管理项目低水平重复建设及恶性封闭建设之弊,消除"信息孤岛""信息烟囱"现象,必须建立健全共建共享机制,统一标准规范,制定项目文档标准条款。目前的电子文档管理依然缺少顶层电子文档归档和电子档案管理规范,导致在实际业务中难以按照业务系统功能梳理各系统电子文档归档范围及保管期限,现有的档案管理文件制度体系无法支撑现代企业电子化的发展,电子文档管理规范、元数据管理、电子档案长期保存等相关规范亟须建立。如统筹分析运行类文件的技术特征及其构件的管理价值,可参照《建设工程文件归档规范》(GB/T 50328—2014)关于

"C1 施工管理文件""C2 施工技术文件"等类目划分,根据施工单位划分和工程进度设置等情况,制定文件级编码方案,编制各施工表格"文号",形成富有逻辑的编码体系,并应用于电子文档形成过程,实现精准定位,从而支撑项目文档的标准化建设。

电子文档元数据对保证电子文档的真实性、完整性、可用性、安全性具有重要的作用,如果没有元数据,电子档案将失去意义,也就没有了业务价值。在进行电子文档归档过程中,如果没有严格按照文件实体、机构人员实体、业务实体、文件关系实体元数据类型进行归档,会使元数据严重缺失,有损电子档案的完整性、真实性。与元数据类似,如果未对电子文档归档开展"四性"检测工作,归档电子文档的真实性、完整性、可用性、安全性将无法得到保障,电子档案无法真正体现其价值凭证作用,更无从谈及电子档案的法律效力。通过数据预归档和数据保全应用,可以解决企业档案机构管控"四性"保障困难的复杂业务数据问题,削弱"无档可收"风险,推进"应管尽管"。

(2)收发自动化,推动业务文件自动归档

一体化核电文档管理应从促进业务逻辑、技术逻辑和资源逻辑入手,提升文档质量要求。除纸质文件归档外,积极探索电子文档和业务数据归档的主渠道建设,梳理业务运行、信息运动和资源形成流程,明确流程节点及其相互对应关系,建设多点整合的归档模式。如针对运行文件管理问题,可建立价值维度的运行质量控制、技术维度的信息管理和形态维度的原始记录生成三条流线,分析运行质量控制节点、工程信息交互节点,确定原始信息采集节点,从而将实时采集的工序、用户、时空、签章等信息,置入原始记录预制表格及其元数据,直接形成电子化的具有档案凭证作用的运行文件。

为减少外部干预、提高验收效率并辅助验收人员进行质量判断,可开发档案验收决策支持系统,实施智慧化验收管理。通过档案验收要素前期标识及其关联关系挖掘、实例与公式库建设,结合AI(人工智能)算法智能学习,实现验收要素智能识别、检查,并给出预验整改结论。

(3)周期连续化,加强文档业务交互反馈

控制文件全生命周期,是提升企业文档工作智能化的需要。从文件与档案的管理方式来讲,在企业的信息化平台中,办公自动化系统与文档管理系统是两个相互独立的系统,没有将数据集成在一起,仅仅是将办公自动化系统产生的数据导入文档管理系统。这样传统的方式,不利于对文件整个生命周期进行有效控制,同时在高效、便捷的现代化办公节奏下,也不利于实现办公信息的传递、存储、查阅、利用、收藏的现代化和自动化。综合以上原因,基于ECM和EAM平台实施文档信息化管理,实现对不同单位、不同机组、不同类型的文件从产生、捕获、分类、存储、保护、管理、使用到处置的全过程管理十分重要,意义也特别重大,它能将企业所产生的数据进行集中统一管理,同时为其他业务系统提供内容支持,最终支持企业迈向知识管理。

想要强化文档业务的交互反馈,建立有效的协调机制,还应丰富资源描述,并提高资源描述的包容性,推进跨领域、跨专业资源描述规范及资源本体模型的兼容互补。如在现有资源著录规则和元数据规范的基础上,借鉴智慧制造、知识管理等领域的信息组织经验,健全知识本体表示模型,萃取资源知识元素,深化内容标引,丰富资源描述,进而支持数据深度关联。如在工艺流程图的管理中,可以从结构、行为、功能上设计知识表示模型,并引入分类整理、业务监管、安全管理、利用服务等数据观测点,提升文档资源体系建设与综合治理,加强文档业务交互反馈。

(4)利用多元化,深化文档资源价值开发

深化文档资源价值开发要求加强对收集整合而来的各类基础资源,尤其是数字资源的内容进行管理,推进文字识别、图像特征提取、音视频词汇提取、自然语言处理等技术应用,并立足资源前期整理基础,深化资源再组织,适应信息组织语义化、互操作化和可视化发展趋势,改变"资源的加工粒度依然按照传统的'卷'和'件'进行,标引按照档案著录格式开展,档案数据关联度与利用率都较低,对档案资源的管理依旧处于'仅保存'状态"[79],提升更全面的资源服务能力。

深化文档资源价值开发要求以"将文件的运动过程视为一个连续统一体"的思路深化融合分类体系。将利用服务需求前置入资源再组织中,融合以档案为代表的文献资源分类和知识分类思想,即在传统分类标引上,增加知识分类向度,建立档案资源体系的知识分类框架,实施多元价值组织方式。例如在科研档案管理中,除了以来源、问题、年度、保管期限等完成档案分类整理外,还应推进专业领域档案主题词表编制应用,从组织、职能、产业技术等维度进行人机融合梳理,明确科研档案知识分类体系,支撑档案服务知识化。

(5)先试先行,统筹规划,创新开展

在先试先行的初期阶段,应做好统筹规划,制定电子文档管理战略,宏观规划、统筹安排各个子项目,实现跨部门合作。电子文档的科学管理单靠档案部门的力量是难以实现的,可以参照国外的一些做法,借助其他部门乃至政府机构的力量合作完成。例如为各部门提供了一套通用的语言和结构框架来描述和分析各自的电子文档管理工作,加强各部门之间的沟通与协作,加强电子文档在业务科室流转过程中的兼容性和互操作性,朝着经济化、高效化、服务化的方向发展。

4.4.3 MBP 一体化核电文档管理的发展阶段

MBP 一体化核电文档管理的建设可以分为初级、中级、高级几个发展阶段。

在初级阶段,进行试点实施、系统完善及推广、评估验收等工作。试点的建设目标是基于对 EAM 和 ECM 系统进行深化应用,通过开发与业务系统的接口收集电子文档,完成对企业各项业务内容的聚合利用,实现以点带面,统筹兼顾,全面推进核电 EAM、ECM 平台建设。建立以电厂为单位的文档分类配置管理控制模板,通过模板复制快速建立新电厂的文档管理体系,建立核电系统内上下分级的一体化业务流转系统,实现全电子化业务流转和审批,建立统一的文档内容信息资源管理中心,提供对文档内容多维度分类管理体系,满足核电用户对文档内容利用的需求。试点阶段研究内容主要是以图纸文件为切入点,建设核电业务系统与 ECM 系统接口,实现图纸方面的电子文档统一、全程管理,从而扩大业务系统电子文档归档范围,最终实现建设项目电子文档全程管理和控制。

在中级阶段,着力推进试点成果深化应用和试点智慧档案建设。从现行文件到档案是一个连续统一、前后衔接的运动过程,它要求必须把从现行文件到档案的管理看成一个系统工程,采取统一的工作制度、程序和方法来控制各有特点却始终相互关联和前后衔接的整体过程。不再将现行文件管理与档案管理视为两个独立的系统,而这两个管理系统从组织制度、管理方式到工作程序都可以实现真正的交融和统一,只有这样才能实现从现行文件到档案的一体化管理。并且仅仅着眼于现行和半现行阶段的一体化管理还不够全面,只有对文件从业务生产线到企业档案室(或文件中心)直至企业外档案馆的运转流程实现全面控制和统一管理,才真正具备了一体化管理的科学含义。现行文件的管理质量直接决定着档案管理的成败。相关人员必须积极进行文件的前端控制,从而确保档案管理的质量,避免重复劳动。对文件实行前端控制,本身就是现行文件和档案一体化管理的实现途径和重要体现,可以消除因现行文件管理不善而导致档案部门得不到完整档案的弊端,也可以避免因现行文件管理质量低劣而导致档案人员重新整理的时间上的浪费。特别是当前随着电子文档更多涌现的背景下,实行文件的前端控制有着特别重要的意义。因为电子文档具有"载体无形化"特征,如不及时予以有效控制,文件很可能就会"转瞬即逝",造成严重后果。中级阶段更重视对文件从产生直至最终进馆的全方位管理,更大胆地发挥对现行文件管理的正面影响,确保档案管理的延续性和科学性。

在高级阶段,可以将企业文档一体化管理理解为企业有目的地将与本不属于文件档案业务,但与文档工作密切联系的业务活动纳入企业档案工作范畴,并将其组成一个统一的业务体或组织机构。既将文档业务上、下游或前、后端整合进入文档管理业务的相关部门,也将与文档业务性质、流程相似或相同的业务(例如相关图书、科技情报、各类出版物等)进行整合。在分工明确化、专业化前提下,对企业业务工作进行更深入的一体化整合,可以充分整合文档管理的各个上、下游部门和业务,不仅有助于梳理和优化业务流程,提高管理的延续性、科学性、稳定性,而且能够降低分化带来的管理成本,提升运营效率,从而为企业创造经济效益。但也需要认识到,在人员专业化水平较低、业务能力匹配不足的客观情况下,对企业档案工作进行纵向一体化整合可能会导致运营杠杆升高、管理灵活性降低等问题[80]。

4.5 小　　结

本章重点介绍了基于双周期交互的 MBP 一体化核电文档管理体系构建,从 MBP 一体化核电文档管理的背景、内涵、目标三个方面分析了双周期交互的 MBP 一体化核电文档管理的宏观愿景,从法规、政策、标准、理论等层面梳理了双周期交互的 MBP 一体化核电文档管理的法理依据,并对双周期交互的 MBP 一体化核电文档管理的要素与结构、框架与运行机制等进行了分析。

5 管理维(Management):基于双周期交互的核电文档合规性管理

5.1 基于双周期交互的核电文档合规性管理框架

自新修订的《档案法》实施以来,业界围绕"来源可靠、程序规范、要素合规"的电子档案展开了一系列实践探索,其中具有代表性的实践项目有福建省档案局、福建省档案馆设计的"三包两结构一体化"电子文件与电子档案规范管理模式。其中"三包"指的是将归档数据按保存、利用、管理需求分为存档信息包、查询信息包和管理信息包;"两结构"指的是将电子文件元数据分为基本元数据和扩展元数据两个基础结构;"一体化"指的是电子文件与电子档案的"文档一体化"、档案馆与档案室之间"馆室一体化"[81]。蒋建峰对"一网通办"背景下的政府部门电子文件单套制归档路径进行分析,从确定归档范围与保管期限、明确信息包组织方式两方面进行业务前期准备,对归档主要流程以及业务流程进行实例分析,提出要融入全过程管理理念,并从人员、制度、技术三方面提出保障要求[82]。

综合分析以福建省档案主管部门建立的"三包两结构一体化"为代表的电子文件与电子档案规范管理模式,可以发现当前多数实践项目在落地环节侧重于技术的迭代更新以及电子文档管理系统功能的开发完善,较好地弥补了档案部门过往在技术领域存在的不足。需要重视的是,要保障电子文件管理合规,应综合考虑业务流程、法规政策、技术实现等多重维度,实现电子文件在其全生命周期中均符合"来源可靠、程序规范、要素合规"这一要求。因此,本书在前人的研究基础上,提出采用"五步走"战略来构建电子文档合规性管理体系。

"五步走"战略具体包括划定职能分工、规范业务流程、制定必要政策、落实重点技术、提出评估指标五步,分别对应电子文档合规性管理体系中的五个子体系,即职能体系、业务体系、政策体系、技术体系和评估体系。通过相应构建方法实现的五个子体系在关系上具有交互性、支持性以及一定程度上的递进性。交互性是指体系之间互相关联,如职能体系确定责任者及其职责;而业务体系则通过设计业务流程将责任者进行串联;支持性是体系间交互的典型特征,如政策体系对于业务体系的建立具有指导作用;递进性是指核电企业在构建电子文档管理体系时,可根据自身已具备的电子文档管理能力,自主选择子体系的构建顺序。这一体系是对"来源可靠、程序规范、要素合规"的电子文件管理要素的实践,而十二字合规要求则对这一体系的构建起到理论指导作用。

所谓职能体系,在宏观层面要求企业的电子文档管理部门,对业务部门、档案部门各自的职责进行划分,在微观层面上要明晰与电子文档产生交互、发生关联的责任者,并对其职责、权限进行规定;业务体系即通过对核电业务流程与文档管理流程的整体设计与细节把握,实现业务流程可运行、过程安全可靠、效率极优等规范性要求;政策体系是指企业在遵守当前相关法律规定的基础上,结合行业政策与各类标准,根据实际情况与业务需求构建企业专属的政策标准体系;技术体系主要针对系统的建设,即在保障业务流程各项功能正常实现的前提下,通过引入元数据智能化管理、云计算等思想以及电子签名、区块链等方法对系统效能进行优化;评估体系则是对企业电子文档管理现状的综合评估,是对企业当前在该领域的优势、不足、未来目标等的全面分析,是企业确定电子文档管理工作未来方向的重要参考,是企业在知识资产方面实现可持续发展的动力来源。

核电行业电子文档管理体系与要素结构及其交互关系如图5.1所示。

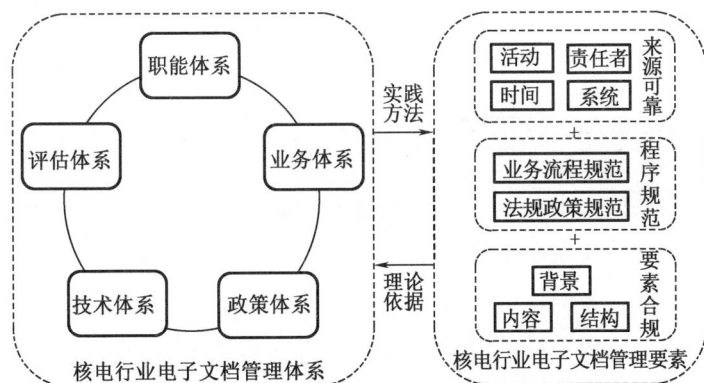

图5.1 核电行业电子文档管理体系与要素结构及其交互关系

采用"五步走"电子文档合规性管理体系构建方法,具备以下几点可行性。第一,企业积累了一定的电子文档管理经验。在现有法律、制度、标准的约束、指导下,当前企业现存的电子文档大多按照一定的分类方法进行分类,对于具体类型的电子文档通常有较为完备的文件编写、流转规范,且核电行业统一建设 ECM 系统,有较为完整的电子文档归档办法。第二,企业在电子文档管理领域具有很大发展空间。其一是在双周期交互视角下,现有业务流程可进一步优化,以符合单轨制的要求,提高业务流程效率;其二是企业需要构建符合自身业务需求的政策体系,相关制度、标准需根据理论、技术等的发展同步更新;其三是成熟的技术应在具备安全性保障的前提下被及时采纳、运用,以提高电子文档的管理效率、利用效果。第三,该体系构建方法层层递进,逐层深入,符合科学体系建设的一般性要求。

5.2 核电文档合规性管理的背景与意义

5.2.1 核电文档合规性管理的提出背景

新修订的《档案法》自 2021 年 1 月 1 日起正式实施,其中第三十七条对电子档案管理规范提出了明确要求,即"电子档案应当来源可靠、程序规范、要素合规"。从电子档案的法律效力层面来看,只有当电子档案符合该要求时,才能"与传统载体档案具有同等效力",实现其"以电子形式作为凭证使用"的重要社会价值;从电子文档管理层面来看,"来源可靠、程序规范、要素合规"十二字精准概括了电子文档合规性管理的基本要求,涵盖了文件全生命周期内的各个流程,对于各级档案主管部门、各行业电子文档与电子档案实际业务工作具有重要指导价值。

在此法律背景下，国家档案局在《2021年国家档案局科技项目立项选题指南》中，对电子文件归档和电子档案管理方面，提出的选题指南为："在电子文件归档和电子档案管理方面，围绕来源可靠、程序规范、要素合规的电子文件归档系统的实现，电子档案可信管理的技术方法，自主可控环境下电子文件归档与电子档案管理，工程设计矢量图、三维电子文件的归档与管理，基于AI技术的电子文件归档和电子档案管理自动化智能化等方面开展研究"，再次强调了十二字要求对于合规的电子文档归档与电子档案管理工作的统领性地位，体现了国家档案主管部门对该方面工作的高度重视。

新修订的《档案法》与国家档案主管部门共同推进电子文档合规性管理，一方面，既是电子文档管理发展到一定阶段的必然要求，符合电子文档科学性管理工作发展的客观规律；另一方面，则是立足于当前电子文档管理规范性不足的现实背景。主要可体现为两个矛盾：一是纸质档案数字化、数据化进程持续推进以及原生于数字环境的电子文档数量日趋庞大这一现状，与习惯于传统档案管理的档案部门如何把握电子文件合规性管理具体内涵之间的矛盾；二是电子文档凭证效力受到法律保障与社会认可，与档案部门如何参与实现对电子文档"四性"的全流程维护从而避免其凭证性之间的矛盾。

在以上背景下，本书重点针对上文提出的两个矛盾，紧密贴合"来源可靠、程序规范、要素合规"十二字合规要求，以核电行业为例，着力提出解决"何为电子文档合规性管理"以及"如何实现电子文档合规性管理"的可能方案。本书选择电子文档作为研究对象，是在前端控制、全程管理、双周期交互等理论的支持下的慎重考量。对于可被视为电子档案前端来源的电子文档，做好对其合规性管理工作既是业务部门规范管理文件的需要，也是档案部门在数据时代下找准自身定位、拓展工作试点的必出之路，对于实现电子档案全流程管理、深入保障电子文档"四性"等意义重大。

5.2.2　核电文档合规性管理的法理依据

当前，我国电子文档管理法规政策体系已初步形成了"法律规定-政策制度-各级标准"的框架，既有从法律层面对电子文件的凭证性进行保障，也兼顾到了宏观的电子文档管理流程、具体要求与微观的电子文档要素规范（包括元数据等）。中山大学的廖嘉琦对我国当前电子文件管理标准与制度进行比较，得出了二者都符合我国现有国情的结论，体现了我国对电子文件管理体系建设的总体思路，在宏观上具有相互协调性，但也存在实践性低、部分规定间存在矛盾等问题[83]。中山大学的李海涛等通过量化分析近20年我国电子文件管理相关政策文献文本，发现存在政策级别及效力低、政策连续性弱、政策内容分散、政策作用间接等问题[84]。而在核电行业中，以国家能源局为代表的国家主管部门、以中核集团为代表的企业已在电子文档管理领域与宏观的电子文件管理办法进行适应性融合，产生了一批在结合宏观法规政策基础上更加符合自身实际需求的制度、标准。

综合学者研究与个人分析结果，当前相关法规政策的应用价值主要体现在以下三个部分。

(1)保障电子文档的证据价值

作为企业知识资产的电子文档,在核电行业向智慧化总目标的发展过程中,其不仅准确记载了核电企业日常工作的真实情况,协助实现业务问题溯源,还可以在必要时为核电企业提供证据力保障,发挥其凭证价值。而刑事、民事、行政三大诉讼法及《电子签名法》、新修订的《档案法》均在一定程度上保障了电子数据、数据电文、电子档案的凭证价值。而电子文档合规性管理的目的包括促进核电行业产能升级,推动行业向智慧核电总目标发展,因此可以认为,当前法规政策对于电子文档证据价值的保障是开展电子文档合规性管理的必要基础。

(2)促进电子文档管理流程规范

在企业中,电子文档服务于知识保障、业务赋能等多重领域,而电子文件的类型、数量、内容等均十分复杂,如何使电子文档在这些领域最大化地发挥效益则需要法规制度的规范与引导。当前法规制度主要是从两个方面对电子文档管理流程进行规范,分别是:①电子文档移交、归档与电子档案管理;②电子档案管理系统等信息系统功能规定及安全保护要求。这对电子文档从移交、归档开始的一般性管理流程进行了规定,并对其所处的系统进行了标准划定,有利于保障电子文档合规性管理中的流程规范。

(3)维护电子文档要素合规

当前与电子文件管理相关的标准对电子文档存储格式、元数据方案及封装等进行了规定,形成了如《文书类电子文件元数据方案》、《基于 XML 的电子文件封装规范》等通用标准。核电行业也发布了《核电电子文件元数据》等行业标准,对文件外部特征、内容特征、产权特征以及业务实体、责任者等描述维度进行了详细规定。元数据是数据的数据,能够有效描述、记录电子文档的多维特征,可以借由元数据实现对电子文档的动态管理。当前法规标准聚焦元数据,能够有效维护电子文档的要素合规,推动电子文档合规性管理。

而在来源可靠层面,当前与电子文档相关的政策、标准多从归档这一步出发,如对电子档案管理系统安全性进行规定,而《企业电子文件归档和电子档案管理指南》等虽然提出了如前端控制、全程管理等思想,但并未深入分析如何实现这一设想,对这一过程的责任主体、具体事务、详细要求等未作进一步规定,这也为本书留下了进一步讨论的空间。除此之外,当前我国关于电子文档合规性管理的相关法律较少,未有类似于国外"控制力-证据力-服务力"的完整法律体系,且缺乏对新修订的《档案法》中"来源可靠、程序规范、要素合规"的国家层面说明,该要求在指导实际业务时仍显颗粒度过大;并且针对核电行业的电子文档管理标准仍待细化与深化,从而更加符合行业实际需求;行业标准需与具体电子文档类型相结合,实现标准的扩充与具象化;部分法规制度仍需与新理论、新业务、新技术背景进一步融合,实现及时更新、试验与推广,从而更好地服务于行业发展。

5.2.3 核电文档合规性管理的内涵

要做到对核电文档的合规性管理,应紧贴新修订的《档案法》中的十二字要求,即首先分别分析来源可靠、程序规范、要素合规三方面的具体要求,其次转回电子文档全生命周期视角,以双周期交互与单轨制管理为核,从职能体系、业务体系、政策体系、技术体系、评估体系出发,构建统一的电子文档合规性管理体系。具体可以分为以下四个方面。

(1)业务流程规范控制,确保文件来源可靠

对业务场景中的业务操作流程严格控制,一方面,要严格以规程类文件执行业务操作,所有业务过程以规程类文件的流程步骤为指引,按规操作。另一方面,要记录操作数据的步骤,要按照规程要求,落实文件记录;同时记录文件的全部要素(包含电子文档的内容要素、背景要素、案卷要素、形成要素、管理要素等),保证文件来源可靠,可以溯源查询。

(2)单轨文件运转管理,确保文件程序规范

统一文件管理标准,制定文件在各个业务流程步骤下的统一编码规则,记录文件来源,规范文件内外部要素。制定单轨制文件管理策略,以前端控制为基础,控制文件的产生、流转和归档过程,保证文件的程序规范。这一过程既需要档案部门在业务部门的支持下深入业务前线,在文件产生之初对其进行规范控制;也需要档案部门转换传统思维,在数字时代背景下完成工作模式转换。

(3)管理规程约束文件,确保文件要素合规

以核电文件中运行规程为制度约束,匹配运行规程中对于文件管理的具体要求,包括每一类文件中内容要素、结构格式、存储方式等,保证文件要素齐全,元数据完整,通过对要素的控制,实现合规性管理。文件要素包含文件的案卷要素(档号、保管期限、题名、责任者、归档时间等)、形成要素(内容信息、办理信息、归档信息、检查信息等)、管理要素(移交接收信息、保管保存信息、查询利用信息等)。

(4)打通业务系统壁垒,确保文件合规性管理智能

电子文档与核电企业中具体的业务系统互通,实现电子文件的单轨制管理和智能化自动实时归档,同时检测文件的合规性。本书的最终目的是将单轨制管理落实到具体业务

场景,与其对应的业务系统实现互通,力求在业务流程操作过程中实现文件的产生、要素的管理、程序的控制、合规的检测、归档的操作等步骤,有效实现构建核电文件单轨制条件下的来源可靠、程序规范、要素合规的智能管理系统。

5.2.4 核电文档合规性管理的意义

核电是重要的精密型能源产业,核电厂的生产过程具有严格的安全性要求,其中涉及专业技术众多,对知识管理、利用的需求高。对于核电行业,文件是合规生产经营的记录与凭证,是核电厂全寿期信息和知识的主要载体,是智慧核电厂不可替代的源生组成部分。实现核电行业电子文档合规性管理,对于实现核电厂的安全生产、合规管理、有效运行意义重大,更有助于核电厂的效益提升。

近年来,在国有企业数字化转型不断深化、融合与升级的浪潮中,中核集团积极推进数字核电战略,核电行业文件管理面向数字化、规范化、智能化、个性化不断发展;各核电企业在中核集团统一建立的 ECM 基础上已经积累了一定的电子文档管理经验。在这一行业背景下推进核电行业电子文档合规性管理研究,具有理论与实践的双重意义,具体包括以下内容。

(1)理论意义

以核电行业为业务背景,积极响应《档案法》对电子文档合规性管理的具体要求。《档案法》以十二字对电子文档合规性管理要求进行了高度凝练,具有深厚的理论、实践和规范基础。核电作为国家重点支持发展的能源产业,应当带头对《档案法》的相关要求进行探索和实践。

在单轨制发展趋势下,从合规性角度推动电子文档管理理论升级,规范核电行业电子文件管理的生态环境。一方面,完善传统纸质文档管理背景下的相关理论的不足;另一方面,在深入挖掘核电行业电子文档管理要素的基础上,从多个维度出发构建核电行业电子文档合规性管理体系。

(2)实践意义

在人工智能、云计算等迅速发展的技术背景下,促进核电行业电子文档合规性管理模式向规范化、标准化升级,是核电行业电子文档管理最终实现智能化、个性化的必要前提,可以为智慧核电的总发展目标奠定基础。结合前端控制及双周期交互等理论,在核电厂全寿期内构建合规的数字化文件管理体系。

在核电行业开展电子文档合规性管理研究,可以为核电行业产能升级、效益跃迁做好保障、推进工作。文档是企业的重要的知识载体与文化财富,而在数字时代加强对电子文档的规范管理也是核电行业在电子文档管理领域实现从"如何做"到"如何做得更好"目标跨越的必经之路。

以福建福清核电有限公司为试点对象,可以充分验证本书的研究成果在实现电子文档合规性管理方面的有效性,从而为核电行业的电子文档合规性管理提供参考。福建福清核电有限公司具有丰富的电子文档管理经验,是ECM系统建设项目的牵头单位,是作为本书研究试点的最佳选择之一。

5.3 国内外文档合规性管理的 实践及其启示

5.3.1 国内外文档合规性管理的实践与案例

在新修订的《档案法》正式实施前,由于缺乏统一的纲领指导,核电行业未有成体系的电子文档合规性管理模式。加之单轨制尚在试点推广进程中,纸质文档在核电业务流程中尚未被完全取代,行业仍在积极探索全数字化业务环境这一必然趋势下的工作模式,这一背景导致核电行业在电子文档管理工作中难免存在职责不明确、流程不明晰、效果不显著等问题。可以认为,核电行业在电子文档合规性管理领域仍处于起步阶段。目前已有成果主要体现在以下两个方面。

(1)制度标准建设

多年来,国家能源局针对核电行业电子文档、档案管理发布了一系列行业标准,其中包括《核电文档管理系统功能要求》(NB/T 20041—2011)、《核电档案分类准则及编码规则》(NB/T 20042—2011)、《核电电子文件元数据》(NB/T 20418—2017)、《核电文件档案管理要求》(NB/T 20523—2018)等,对核电行业电子文档管理起到了良好的指导、规范作用。其中 NB/T 20041—2011 从文档分类体系、电子文件的生成与控制、文件的捕获与登记、文件的分发、文档信息的加工与整理、文档的利用、文档的保管与处置、元数据管理、文档的控制与安全、系统管理以及电子签名等拓展功能 11 个大类出发,分别对系统的功能进行标识(必备或可选),在标准层面有效保障了系统的可靠性,有利于实现电子文档"来源可靠、程序规范、要素合规"的要求;NB/T 20523—2018 从捕获和收集、整理、归档、保管、利用、鉴定和处置、元数据 7 个方面规范电子文档的管理流程;NB/T 20042—2011 将档案分为 12 个基本大类;NB/T 20418—2017 从文件实体、业务实体、责任者实体、关系实体、法规实体五个方面对核电行业电子文档元数据进行规定。

中核集团档案部门自 2008 年起陆续发布《核电电子文档移交细则》《核电项目档案移交与接收办法》《核电项目数码照片档案采集及归档要求》《总承包模式核电项目档案归档范围及原件归属管理办法》《核电项目文档管理评估办法》等文件。其中《核电电子文档移交细则》对核电行业电子文档的移交范围、移交方式、移交要求等进行规定,并根据核电电子文件、档案移交特点,依据 EJ/T 1224—2008 制定了移交核电电子文档元数据规范要求;2014 年发布的《核电项目档案移交与接收办法》对元数据、在线移交方法等进行了补充完善。

(2)信息系统建设与推广

在信息系统使用、推广方面,中核集团自 2015 年来先后投入使用 ERP、OA、档案管理系统等多个办公类管理软件,建立公司档案管理系统,促进公司电子文档归档与各类档案信息资源的收集、管理与利用,整合企业核心信息资源,优化企业各项业务系统流程,提升档案信息开发利用与共享服务能力[85];秦山核电于 2017 年推广上线 9 台机组 N1-EAM(核电厂生产管理信息系统),项目形成标准蓝图文件 37 份,升版相应管理程序 153 份,完成以 PIM(电厂信息查询系统)报表等为代表的 1030 项优化开发,标志着秦山基地不同堆型机组生产管理业务实现了统一[86]。

在信息系统开发方面,国际原子能机构(IAEA)的保障IT系统的现代化改造项目(MOSAIC)将IAEA存储的数十万份核查工作记录文件进行了数字化,还迅速分析核设施和材料信息[87];中核集团原子能院研发的PDM(反应堆工程技术产品数据管理)系统,制定、开发了文件的审签、变更等流程,实现了不同责任单位间数据传递的全电子化管理,对业务流程中产生的设计数据、过程数据、图纸和文档、产品物料清单等进行全要素领域、全生命周期管控[88];福清核电有限公司领头建设的ECM平台实现了基于云平台的文档信息移动服务,并自主研发了"搜福"文档数据搜索引擎,实现了文档管理、企业门户和工作流程一体化。文档系统支持电子文档在线归档,专家认为该归档功能范围合理、过程规范、格式合规、"四性"检测有保障[89]。

在信息系统技术保障方面,施千里以福清核电有限公司"华龙一号"重大建设项目中的电子文档管理工作为例,从制定电子文档元数据方案、整合业务系统和文档一体化系统、技术保障文件格式和内容的正确性与完整性、提供丰富配置界面和批量处理工具四个方面对电子文件归档进行规范化管控,并对电子文档"四性"管控进行进一步分析,最终实现了电子文档全过程管理、规范了电子文档归档和电子档案管理流程等效果[32];江苏核电有限公司杨强等分析了当前核电档案管理领域存在的问题,提出通过建立联盟链以及配套的文档信息系统的方式,实现文档跨组织共享及移交、文档全生命周期真实性保障以及电子档案长期保存[66];樊金龙提出了智慧核电区块链安全架构,并基于区块链进行核电供应链管理、核电实时数据共享管理以及核电设备监造管理[67]。

综合分析，一方面，当前核电行业电子文档管理领域现有制度、标准主要聚焦于电子文档管理流程、移交及归档、元数据等方面，在一定程度上对来源、程序、要素进行了规范性控制。大型企业在采用国际标准方面较为积极，且能在国家标准的指导下按照自身实际情况对相应细则进行调整，但也存在颗粒度较粗、实施效果不明显、不能很好适应新技术环境下的核电行业电子文档管理需要等问题。另一方面，当前信息系统建设仍处于落地、推广的初期阶段，系统的运行效率、可靠力度、智能程度等均有待提高，多系统间的衔接、配合工作需要进一步商榷。

因此，在新修订的《档案法》"来源可靠、程序规范、要素合规"十二字合规性要求的指导，以及新技术环境的支持下，应在完善现有制度标准以及信息系统功能的基础上，力求从多个维度构建符合核电行业电子文档管理需求的合规性管理体系。

5.3.2 国内外文档合规性管理的经验与启示

电子文档合规性管理具有复杂性。一方面，档案及业务部门面对的是过往数十年来纸质文档的数字化产物，以及数量日趋庞大的原生于数字环境中的电子文档；另一方面，核电行业电子文档类型众多，不同业务部门的电子文件管理需求差异大，某一具体工程涉及的外部单位多，这给核电行业电子文档合规性管理带来了如下几个方面的挑战。

(1)工作意识

在过往几十年的工作中，档案部门已熟练于传统的纸质档案管理模式，并且这一模式通常开始于业务部门向档案部门移交待归档文件。这导致了档案部门在收集文件时往往处于被动地位,且可能难以适应数字化的工作环境。在这一背景下,档案部门首先要树立主动意识和全局意识,即既要主动出击,在新修订的《档案法》的指导下,积极拥抱新技术环境,主动开展电子文档合规性管理探索;也要做好对电子文档合规性管理的长远规划,加强前端控制、全流程管理,协同业务部门从电子文档全生命周期出发开展管理工作,确保电子文档在其生命周期各个环节符合"来源可靠、程序规范、要素合规"十二字合规性要求。

(2)管理体系

档案部门需要树立主动意识与全局意识,而电子文档管理工作的顺利开展同样需要上级领导的支持与业务部门的配合。可以说,档案部门承担着较大压力。从管理层面来说,档案部门需要思考的问题包括但不限于:如何取得在电子文档管理方面的主动地位?如何抓准自身工作定位且保持独特性?如何在取得主动地位后获得业务部门支持且协调业务部门间的工作?如何在业务部门推广研究成果?这些问题的解决需要领导班子、档案部门、业务部门间的协调配合。

(3)业务流程

核电行业业务流程具有精密性和复杂性。针对业务流程中专业性极强的各类电子文档,档案部门在深入前端的过程中可能会由于欠缺核电专业知识导致难以把控电子文档程序规范与要素合规的相关细节,进而导致电子文档管理工作的规范性不足;且档案部门在进行前端控制的同时需要适应数字化环境下以"收集、管理、存储、利用"为核心的档案管理工作。因此,档案部门需要思考进入业务流程中开展相关工作的恰当方式,业务部门也需要协助档案部门完成这一过程。

(4)政策制度

过往与核电行业电子文档管理相关的政策制度,多从档案部门或文档管理部门的视角出发,与实际业务的贴合性有待进一步提升。档案部门应协同业务部门,在制定业务流程标准的同时对电子文档编写、校对、审核、批准流程加以规范性说明,从而确保制定的制度、标准符合业务工作需要等。该项工作同样需要政府机构、行业组织等的支持,通过制定更高层次的政策制度及行业标准,加强对核电行业电子文档合规性管理的整体规划,促进电子文档管理的标准化,为核电行业中不同企业间可能的数据交流提供便利。

(5)技术保障

电子文档合规性管理工作同样面临着来自技术的挑战。云存储、云计算极大拓展了存储和计算速度;深度学习等人工智能技术的成熟,促进了语义识别、图像处理等应用方向的发展。在这一背景下,技术能够在某些方面显著提升合规性管理效果,如通过元数据、电子签名等保障电子文档的真实性、完整性、可靠性、有效性等;但又对业务部门、档案部门施加了吸纳成熟技术、转化实际效益的压力。

5.4 坚持核电文档来源可靠

5.4.1 核电文档来源可靠的必要性

核电行业推进电子文档合规性的来源可靠管理势在必行,这既是新修订的《档案法》的法律要求,更是来自行业的现实需要。

首先在法律要求层面,新修订的《档案法》第三十七条规定:"电子档案应当来源可靠、程序规范、要素合规。电子档案与传统载体档案具有同等效力,可以以电子形式作为凭证使用。电子档案管理办法由国家档案主管部门会同有关部门制定。"这表明,只有当电子档案符合"来源可靠、程序规范、要素合规"的十二字要求时,才能"与传统载体档案具有同等效力",实现其"以电子形式作为凭证使用"的重要社会价值。也就是说,电子文档合规性管理是对电子文档凭证性的保障。

其次在行业需要层面,对核电行业来说,电子文档管理工作需要与其业务的专业性、精密性、复杂性相适配,开展核电行业电子文档合规性管理具有必要性。在人工智能、云计算等迅速发展的技术背景下规范电子文档管理生态,是核电行业电子文档管理最终实现智能化、个性化的必要前提,是核电行业产能升级、效益跃迁的重要基础保障。在核电行业现有经验基础上,结合前端控制、双周期交互等理论,多维度约束电子文档管理是新法规、新资源、新管理等环境提出的必然要求。

5.4.2 核电文档来源可靠的构成要素

(1)活动

活动是电子文档行为的载体。电子文档的行为指的是电子文件在业务周期或文件生命周期中所处环节的变动,本质上是电子文档内容、形式、结构、背景等的变化。从形成、流转到归档,电子文档在其生命周期中表现出的行为都依赖于活动的推进。因此,要保障电子文档来源可靠,首先需要对活动这一要素进行规范。

　　按活动的主体来分，活动大体上可分为业务活动和管理活动。业务活动的起点通常伴随着电子文档的形成或调用，其后的每一个环节可将上一个邻近环节形成的电子文档作为输入，经活动中的相关责任者、系统等的处理后再输出内容、形式等均可能产生变化的电子文档结果，并将这一结果推送至下一环节的输入端。与业务活动不同，前者侧重于业务，电子文档作为变量参与这一 IPO（Input-Process-Output）过程，而管理活动聚焦电子文档本身。对于档案部门等文档管理部门来说，在业务活动中实施管理活动体现了前端控制思想，具体可以通过与业务部门协作实现维护电子文档合规性的目的。为最大限度从活动的角度保障电子文档来源可靠，在实际开展电子文档管理工作时应允许并支持管理活动参与到业务活动中，对业务活动细节以及其中可能出现的规范性问题给予专业建议。

　　除此之外，还需要对活动的具体流程、形式进行分析。对于内部文件，与电子文档行为相关的活动大体可以分为两种情况，一种是对电子文档进行的编写、校核、审核、批准、发布、升版等，另一种是在实际使用电子文档时的申请、审批、填写、归档、利用等行为。在前一种情况中，编写、校核、审核、批准是电子文档从编写到发布的核心环节，可简称为"编校审批"。其中编写是指文档编写者对文件内容、形式、结构等的添加与构造；校核是指校核方对文件编写者产出内容的校对；审核是指审批方对于前期流程、文件内容等的审查、核实；批准则由主管部门领导或相应负责人把关，经前三步形成的电子文档是否可以发布。经历了"编校审批"环节的电子文档通常被上传至企业的 ERMS，这一过程被称为发布。已发布的电子文档具有较为完整的内容、形式、结构信息，这些信息在后续的升版过程中得到进一步的更正或完善。升版活动是指对某份电子文档的内容等进行更新、维护以达到修正业务过程中发现的问题或使其符合实际工作需要等目的,理论上同样需要经历"编校审批"环节。在整个过程中,电子文档的背景信息随着环节的推进持续处于动态变化状态。后一种情况则是业务工作人员根据其执行的业务类型,在 ERMS 中申请其所需要的电子文档,申请获批后可在系统中下载相应的电子文档并组建工包,根据文件中的指示完成工作并形成工作记录。工作记录是工作人员对其工作过程、结果等的记录,在实际工作中需要相关人员对工作记录、电子文档分别进行校核、审核,之后对电子文档进行归档。对于外部文件,电子文档依赖的活动路径大致为"提交—审核—归档—利用"。在单轨制管理背景下,采购单位、监理单位、施工单位等外部单位应在移交材料时提供电子文档,提交的材料将由核电企业的文档工作人员进行审核、确认是否归档等操作。为便于后续利用,对于外部单位提交的 PDF、OFD 等不可直接编辑类文件,应首先对这类文件进行数据化,即提取文件的内容、结构信息,使其与原文件内容、结构一致且处于可编辑状态。

从总体来看,活动作为电子文档来源可靠的要素之一主要包括两个内涵:其一是管理活动需要参与到业务活动中,以知识管理领域专家等角色为业务活动开展提供专业性协助与合规性保障;其二是需要明确核电行业中具有的活动类型及其内容、流程,从而在宏观上构建核电行业活动体系,从微观上对活动进程实现精准把控。所谓核电行业活动体系,是核电行业会开展活动的全集,通过以顺序关系、因果关系、并列关系等逻辑关联各活动,实现体系的构建。在这一体系

的基础上,通过分析各活动的内容、流程以及其输入、输出,
理论上即可实现对某一类电子文件的"寻因溯果",从而把握
其来源和去向。

(2)责任者

责任者是执行活动的主体,是推动活动进程的主要力
量,是保障电子文档来源可靠的要素之一。结合5.2.1节的
分析结果,对于内部文件来说,第一种情况的主要责任者即
为参与编写、校核、审核、批准活动的四类人员,编写人员是
内容的第一生产者,而校核人员、审核人员、批准人员分别对
校核活动、审核活动、批准活动负责。从输入输出的视角来
看,由于校核、审核、批准三类活动的具体内容均包含对电子
文档要素的核查,因此参与"编校审批"的四类责任者不仅应
对自身参与的活动负责,更应对其输出的电子文档截至当前
所经历全部活动的结果负责。例如校核活动的责任者主要
对编写人员产出的电子文档进行内容、形式等的校对,审核
活动的责任者需要对经过编写、校核两步的电子文档进行流
程、要素等的审查,而批准活动的责任者需在核查前三步活
动是否合规、电子文件要素是否准确等的基础上最终判断该
份电子文档是否可以发布。而升版活动逻辑上包含了"编校
审批"四大步骤,责任者应与其相同。第二种情况的主要责
任者包括业务工作人员、业务主管等审批人员以及工作记
录、电子文档审核人员。业务工作人员需要根据业务情况申
请电子文档、根据电子文档指示情况完成业务工作并形成工
作记录、在业务完成后提交电子文档,业务主管等审批人员
需要对业务工作人员的申请进行审批,工作记录与电子文档
的审核人员分别对工作记录的内容、电子文档整体进行审
核。而外部文件来源渠道广泛,包括但不限于招投标单位、

监理单位、施工单位、采购单位、供应链上单位等,电子文档在各单位内部形成的路径均较为复杂,涉及的责任者众多,可针对具体业务由各单位提供人力共同组建专门的电子文档管理小组,以合同、协议、标准等形式确定电子文档管理规范以及相关责任者应尽的职责。

需要注意的是,无论是讨论内部文件还是外部文件,档案管理部门的相关工作者都应作为其管理过程中的责任者履行相应义务、承担相应责任。总体来说,档案工作者的职责体现在两个方面:其一是在业务周期的终末接收业务部门移交的文件并对其进行鉴定、归档,对电子文档生命周期负责;其二是作为管理活动的责任者参与到业务活动中,以参与前端规范、标准制定等形式发挥其在保障电子文档来源可靠方面的作用。

由于业务能力、保密意识等的差异,责任者在保障电子文档来源可靠方面具有一定程度上的主观性,需要从管理体系上对其加以引导。一方面,核电行业要落实各责任者的具体职责,加强业务培训以培养其对业务的整体感知以及实际工作的熟练度;另一方面,核电行业尤其需要重视加强对各责任者的保密意识培训,防止核电行业电子文档由于责任者的主观因素而外露导致泄密,从而对国家造成经济、技术损失。

(3)时间

时间是描述活动的另一个维度,也是保障电子文档来源可靠的又一要素。在时间层面保障电子文档来源可靠主要有两层含义。首先是强调责任者应及时在其负责的业务环节中完成对电子文档应尽的操作。所谓及时,是指在考虑电子文件时效性要求的前提下以合适的进度完成对电子文件的相应操作并确保其完整、有效。其次是要对活动完成的时间进行记录。传统的记录手段包括表项填写等，在单轨制的全数字背景下，需要重点关注元数据对时间信息的记录方法，或考虑采用时间戳等技术以防止时间信息被窜改。

对于内部文件来说，在第一种情况下，与电子文档相关的时间节点主要是"编校审批"环节各责任者提交办理结果的时间；在第二种情况下，与电子文档相关的重要时间节点包括业务工作者申请需求文件的时间、业务主管的审批时间、业务工作者提交工作记录的时间以及审核人员的审核时间。至于其他单位应何时向核电企业提交何种文件，双方应在项目开始前对这一问题达成协议，这也是保障项目有序开展、提升项目规范性的必然要求。对于档案部门来说，主要的时间节点包括接收电子文档时间、鉴定时间、归档时间、开发利用时间等。

(4)系统

系统是活动的载体，也是电子文档流转、存储、利用的实际场所。在系统中，经理论层面设计的各项活动得到落实从而具象化，电子文档的运动从而拥有了具体场所；责任者以系统为工作空间，完成对电子文档的各项操作，系统也可以自动对各项活动的起止时间进行捕获并采用元数据进行记录。可以认为，在单轨制背景下，系统是保障电子文档来源可靠的基础。

在企业中往往具有很多系统，如 ERP 系统、OA 系统、CRM(customer relationship management，客户关系管理)系统等等。从电子文档管理的视角出发，可以将企业中的系统分为两大类，暂且将其简称为业务系统与文档管理系统。前者主要承担业务周期中的各项活动，而后者主要是对仍在运行期的电子文档进行存储,并对移交、归档后的电子文档进行收集、管理、存储和利用。

要构建一个可靠的信息系统,需要考虑的因素众多,而存储器、CPU、网络通信设施、数据库等软、硬件设施则是信息系统具备可靠性、实用性的电子文档管理功能的基础。存储器、CPU 等决定了本地系统性能的上限,网络架构以及通信协议等决定了信息在企业内部或者跨域传输的安全性程度,而选择合适的数据结构则有利于提高数据存取效率。随着云计算、区块链等技术的发展,云服务器能够突破传统的计算速度、存储容量等方面的限制,区块链能够通过元数据上链等途径极大程度地保障电子文档的不变性,与系统嵌合可提高系统运行效率,增加系统的可靠性。需要注意的是,在核电企业中,由于核设施的安全性要求,当业务工作人员进入核岛时将会进入完全离线的数字环境,这一过程需要系统对离、在线环境切换过程以及跨设备、跨系统的电子文档传输、备份、校验等问题进行详细设计。

对于业务系统或文档管理系统而言,活动、责任者、时间均可在系统中得以体现并加以可靠性约束。对于活动,系统在设计时就要通过需求调研、业务流程分析、数据流分析、用例分析等多种途径对系统功能进行梳理,这是后续系统开发的依据。对于责任者,系统要包含相应的身份确权手段,首先对不同责任者赋权,在责任者进行具体操作时通过如密码、验证码、指纹识别、面部识别等途径确认其是否拥有相应权限;其次系统需要能自动捕获其中进行的各项活动的起止时间,以元数据等形式加以记录。

归档是系统的重要功能之一,主要分为在线归档和离线归档两种模式。在线归档是指通过网络或计算机系统直接

将需要归档的电子文档传输给档案部门,当电子文档和电子
档案在一个电子文档系统中,电子文档可直接移交到电子档
案区域,由档案人员管理电子档案;当电子文档和电子档案
在两个独立的系统中时,则需要设计相应的接口以解决系统
异构、模式异构及语义异构问题。离线归档是将需要归档的
电子文档从文档系统导出到存储介质中移交到档案部门[90]。

对于文档管理系统,需要额外为其设计电子文档"四性"
检测功能,即依据国家相关标准与核电行业实际情况设计相
应量化指标,对电子文档真实性、完整性、可靠性、可用性进
行规范性限制。从理论上来说,为保障电子文档在其全生命
周期中均符合来源可靠这一规定,需要在活动的各环节衔接
处对电子文档均进行"四性"检测。

5.4.3 双周期交互视角下确保来源可靠的策略 与路径

电子文档的流转则需要根据不同的业务场景分别进行
设计。以"编校审批"这一过程为例,电子文档在编写人员、
校核人员、审核人员、批准人员之间的流转,本质上是顺序结
构、判断结构和循环结构的组合,即电子文档遵循依次进入
编写、校核、审核、批准环节,在上一个环节结束后需要对其
在该环节是否合规进行判断,若合规则进入下一环节,否则
返回上一环节。在批准环节时若判定电子文档不符合发布
标准,则存在两种可能:第一种可能是业务流程需要返回到
编写环节由编写人员进行主题、内容的优化,再依次经历"校
审核"环节,直至电子文档获批发布;另一种可能则是电子文
档由于某些具体原因不适宜发布,该次业务流程终止。智能
归档的本质仍然是电子文档从业务系统进入文档管理系统,

即电子文档实体控制权的转移。对于这一环节,既需要思考归档范围,解决"归档什么"的问题,也需要思考如何实现智能归档,在便捷归档这一过程的同时确保归档过程合规。对电子文档的利用可以分为两个部分,即对仍在业务流程中的电子文档的利用和对已归档电子文档的利用,应根据电子文档的具体内容、产生目的,思考可与其产生直接或间接关联的利用方向。在考虑核电业务流程与文档管理流程的交互模式时,也应重点考虑归档与利用这两个环节。具体而言,为确保电子文档的来源可靠,需要借助技术进行多层保障,其中应用较多的有元数据、电子签名、人工智能、云计算、区块链等。

(1)通过元数据约束规范

元数据,即数据的数据。电子文档元数据是电子文档的核心要素之一,重点记录了电子文档的背景信息。真实、完整地记录、保留电子文件的元数据信息对于保障电子文档来源可靠、程序规范、要素合规具有重要意义。而元数据方案作为一种标准文件,对特定行业、特定类型电子文档应被记录的元数据项进行了规定。当前,国内与电子文档相关的元数据方案呈现"由总到分"的主要特点,即由国家主管部门出台了《文书类电子文件元数据方案》(DA/T 46—2009)、《照片类电子档案元数据方案》(DA/T 54—2014)、《录音录像类电子档案元数据方案》(DA/T 63—2017)等专门的电子文档元数据方案,而各行业根据自身特点,发布了《林业信息元数据》(LY/T 2266—2014)、《电子图书元数据规范》(WH/T 64—2014)《版权信息核心元数据》(CY/T 134—2015)、《气象观测元数据》(QX/T 627—2021)、《社会保险业务档案元数据规范》(LD/T 03—2021)等众多行业元数据标准。

在核电领域中,由于核电业务的周期性,核电电子文档元数据方案整体上应包含内容描述类、外部属性描述类、周期过程类三类要素。依据都柏林核心集,内容描述类元数据是对电子文档内容的描述,包括电子文档的文件名、文件主题、内容摘要等内容;外部属性描述类元数据包括电子文档的文件号、格式、类型、语种、文件关联信息、操作权限等内容;周期过程类元数据是对电子文档活动过程的记录,包括活动名称、责任者、起止时间、系统状态等内容。《核电电子文件元数据》(NB/T 20418—2017)将核电电子文件元数据分为文件实体、业务实体、责任者实体、关系实体、核电政策法规实体五个元素集,并将文件实体分为题名、内容描述、文件标识、统计容量、密别鉴定、知识产权属性、数据接收、位置标识、文件结构、运行环境十大类,将业务实体分为业务层级、业务分类、业务专业特征、业务标识、业务时间五大类,将责任者实体分为责任者层级、责任者标识、责任者名称、责任者联系方式四大类,将关系实体分为关系标识、实体标识、实体类型、关系名称、关系类型、关系描述、关系日期等七大类,将核电政策法规实体分为法规层级、法规标识码、法规名称、法规版次、颁布单位、实施日期、发布日期、法规有效性等八大类。整体来说,该元数据方案覆盖了对核电电子文档内容、外部属性和业务周期过程的描述,具有良好的推广性。

(2)通过电子签名促进流通

《中华人民共和国电子签名法》第一章第三条规定:"当事人约定使用电子签名、数据电文的文书,不得仅因为其采用电子签名、数据电文的形式而否定其法律效力。"该条法律条文保障了电子签名的证据效力,是电子签名可以在核电行业电子文档管理过程中予以推广的基础。

随着单轨制的推动,档案学界与业界围绕电子签名在电子文件归档过程中的运用展开了一系列讨论。薛四新概括了电子签名在电子文件管理中的应用原理,并提出了相应的应用方案[91];山东大学李耀波在设计核电工程管理信息系统时,运用了电子签名技术改造核电工程管理业务流程,减少了文件传递环节,提高了工作效率[92];刘越男等结合国外在电子签名归档保存方面的相关经验,提出了"信息–功能"模型,并从电子签名归档、电子签名归档后维护、电子签名移交及移交后保存、电子签名元数据四个方面出发,提出了适用于我国实际情况的电子签名归档保存方案。除公钥、支持签名算法的软件等技术要求之外,电子签名维护工作的复杂性同时要求管理层面、协调层面的互相配合,可通过责任分担、分类应对、动态调整等方法加强对电子签名的维护[93]。

对电子签名在核电行业电子文档管理中的应用进行分析,一方面,电子签名的技术已十分成熟,具有众多可以借鉴的应用案例;另一方面,电子签名的使用不仅仅是技术问题,更是成本、效益、效果等多方评价指标的角力。对于核电行业而言,不仅需要对于内部产生的电子文档的电子签名问题进行规定,如是否在"编校审批"各个环节对电子文档附加相应责任者的电子签名,还需要应对各类外来文件的电子签名问题,其中就需要和监理、施工、供应链等外部单位进行协商。

(3)使用人工智能技术辅助检查

随着深度学习、神经网络等人工智能技术的不断发展,人工智能技术在电子文件管理领域的应用也得到了极大的发展。在核电行业电子文档管理工作中人工智能技术可能的应用方向概括来说包括但不限于以下几个部分:①基于知识图谱的核电企业知识管理与应用。知识图谱本质上是由实体和关系三元组组成的语义网络,一般经由实体识别、关系抽取、实体对齐、实体消歧、知识更新、质量评估等途径生成,是对资源中蕴含知识的深度挖掘与价值重构,可实现知识推理、信息推荐、辅助决策、智能问答等多种应用场景,为核电业务工作人员提供个性化的知识服务。②基于深度学习等的办公辅助系统,包括通过文本分类等算法辅助自动标引著录、鉴定敏感词等内容。③基于神经网络的图像处理。工艺流程图是核电电子文档的重要组成部分之一,通过神经网络对图像特征的学习、捕获,可以实现对图纸要素的智能解析,辅助完成隔离方案构建等相关业务操作。

(4)使用云计算技术完成备份

云计算本质上是一种商业计算模式,是对计算机资源的整合与对计算任务的分布式处理,是大数据时代的必然产物。大数据具有产生速度快、体量大、种类多、价值密度低、数据质量不确定等特征,云计算概念的提出极大提升了数据计算速率以及数据存储容量。按服务来分,云计算大致上可以分为三类,即以基础设施为服务(IaaS)、以平台为服务(PaaS)、以软件为服务(SaaS)。虚拟化技术是云计算的核心技术之一,其核心思想是利用软件或固件管理程序构成虚拟化层,把物理资源映射为虚拟资源。在虚拟资源上可以安装和部署多个虚拟机,实现多用户共享物理资源。

薛四新等对云计算环境下的数字档案馆及电子文件管理研究进行综述[94],并分析了基于云存储的电子文件对象模型构建原理,分析了基于云平台的电子文件系统实现机理以及基于云服务的电子文件管理运作机制[95],对电子文件对象建模技术、海量异构电子文件分布式存取技术、电子文件及其元数据溯源技术等关键技术进行详细说明[96]。朝乐门构建了云环境下的电子文件迁移模型,模型包括本地与云端之间的迁移、云间迁移、云内迁移三种电子文件迁移模式[97]。毕建新探讨了云计算环境下的政务电子文件一体化管理与服务的模型和实施,提出了一种能与政府职能转变动态匹配的政务云构建方法,使得政务电子文件管理所依赖的技术环境能够灵活应对政府职能转变带来的政府业务流程的变化[98]。

可以发现,当前对于"云计算+电子文件管理"的研究工作主要处于模型构建阶段。而政府部门对于"政务云"的积极探索也为各行业推动云平台的建设与应用起到了带头示范作用。核电行业在利用云计算技术进行电子文档管理时,由于其保密性要求,理论上构建私有云(即在企业中购置服务器并进行虚拟化,搭建云环境)最为保险。在具体使用云技术时,一方面可借用云存储、异地备份等技术保障电子文档存储的安全性,另一方面也应注重技术与业务流程的结合,通过在业务流程需要的环节进行云计算操作,从而提升实际的数据处理速度和业务流转效率。

(5)借助区块链技术进行保障

区块链作为一种分布式存储手段,具有数据难以窜改和去中心化等优势,在可信电子文件管理领域受到广泛讨论。刘越男等分析了区块链在数字档案长期保存方面的长处、不足和风险,通过研究英国 ARCHANGEL 项目和 InterPARES Trust 项目,提出了未来发展的可能方向[99]。赵屹认为区块链技术可以落实电子文件全程管理、保障电子文件不可窜改、认证电子文件原始可靠、规避电子文件安全风险[100]。于志莹等从元数据入私有链、元数据转移至联盟链及节点外数据入联盟链两个阶段着手,分析区块链技术应用于电子文件"四性"维护的路径[101]。李沐妍[102]、徐欣欣[103]对当前区块链技术在文件档案管理领域的应用进行了综述。

蔡盈芳对电子档案数据应用区块链的存储方式进行分类,并进行原理分析[104]。王平等提出了基于区块链技术的电子文件可信保护框架,包括可信电子文件信息区块封装、可信电子文件信息区块分布式账本存储以及可信电子文件信息区块提取三个方面,遵循全程管理原则,加强对电子文件可信性的保护[105],并从生态学角度切入,以"点(主体)-线(客体)-面(环境)"三个维度为主线构建基于区块链的文件档案管理可信生态子系统结构[106]。左晋佺等设计了融合档案管理区块链网络和档案使用区块链网络双链结构的电子档案管理系统,通过其在暨南大学的实现和应用,论证了该系统的适用性和可行性,同时从数据安全性、操作回溯性、可验证性、保密性等几个方面对该系统进行了评估[107]。

核电领域对电子文档管理的安全性、保密性要求高,与区块链适用的应用场景匹配度高。对于具备电子文档管理经验、相关业务系统建设完备的企业来说,可以考虑打通核电业务系统、区块链系统、文档管理系统,通过对电子文档元数据上链等方式以保障其真实、完整、安全、可靠,实现对其的全流程来源追踪;而对于电子文档管理仍处于起步阶段的核电企业,需要以科学的观念开展相关工作,逐步实现具有更高保障效力的电子文档管理体系。

5.5 坚持核电文档程序规范

5.5.1 核电文档程序规范的必要性

我国与电子文档管理相关的政策制度既包括各级主管部门发布的规范性文件,通常以办法、意见、指南等词为后缀,如《电子档案移交与接收办法》(档发〔2012〕7号)、《企业电子文件归档和电子档案管理指南》(档办发〔2015〕4号)、《关于加强中国(上海)自由贸易试验区电子文件归档和电子档案管理工作的指导意见》(2016)等;也包括各级政府发布的纲领性指导文件,通常以规划等词为后缀,如《"十四五"全国档案事业发展规划》(2021)、《国家电子文件管理"十三五"规划》(2016)等。

由我国各级档案主管部门发布的政策制度性文件主要涉及四方面内容,分别是:①电子文件移交、归档与电子档案管理;②电子档案管理系统等信息系统功能规定及安全保护要求;③数字档案馆建设;④电子政务及政府信息公开中的电子文件相关事项。

涉及第一类内容的规范制度性文件包括《电子档案移交与接收办法》(档发〔2012〕7号)、《企业电子文件归档和电子档案管理指南》(档办发〔2015〕4号)、《建设项目电子文件归档和电子档案管理暂行办法》(档发〔2016〕11号)、《电子公文归档管理暂行办法》(2003年7月22日国家档案局令第6号发布,2018年12月14日国家档案局第14号令《国家档案局关于修改<电子公文归档管理暂行办法>的决定》修改)等。

其中,《电子档案移交与接收办法》指出"元数据应当与电子
档案一起移交";《企业电子文件归档和电子档案管理指南》
明确了档案部门、业务部门、信息技术部门的管理职责,并且
在第五章提出"前端控制"思想,提议将档案部门纳入业务系
统设计开发团队以参与提出电子文件归档要求、测试确认归
档功能等环节;《建设项目电子文件归档和电子档案管理暂
行办法》同样指出了"项目电子文件归档和电子档案管理应
当遵循项目建设和信息系统运行的规律,坚持统一管理、全
程管理、规范标准、便于利用、安全保密的管理原则",并且明
确了政府投资主管部门、行业主管部门、电子文件管理部门、
档案行政管理部门、项目主管部门、建设单位、监理单位等责
任主体在这一过程中应承担的相应责任;《关于加强中国(上
海)自由贸易试验区电子文件和电子档案管理的指导意见》
则侧重于落实《全国档案事业发展"十三五"规划纲要》提出
的"在有条件的部门开展电子文件和电子档案'单套制'管理
试点的要求",提高"单套制"管理水平。

涉及第二类内容的规范制度性文件包括《档案信息系统
安全等级保护定级工作指南》(档办发〔2013〕5号)、《档案信
息系统安全保护基本要求》(档办发〔2016〕1号)、《关于进一
步加强档案安全工作的意见》(档发〔2016〕6号)、《电子档案
管理系统基本功能规定》(档办发〔2017〕3号)。其中《电子
档案管理系统基本功能规定》从档案接收、整理、保存、利用、
鉴定与处置、统计等方面对系统功能进行整体概述,并提出
了开放性、可拓展性、安全可靠性等总体要求;《档案信息系
统安全保护基本要求》依据《信息安全技术 信息系统安全等
级保护基本要求》(GB/T 22239—2008)等标准,基于安全引
领、管理科学、保障有力的原则,以安全管理制度、安全管理

机构、人员安全管理、系统建设管理、系统运维管理等为档案信息系统安全保护管理要求的一级指标,以物理安全、网络安全、主机安全、应用安全、数据安全及备份恢复等为技术要求的一级指标,对档案信息系统安全性保障进行详细指标设计。《档案信息系统安全等级保护定级工作指南》对档案信息系统安全保护等级的确定方法进行了说明。《关于进一步加强档案安全工作的意见》(档发〔2016〕6号)进一步强调了电子档案管理中的风险治理与安全技术支撑。

涉及第三类内容的规范制度性文件包括《数字档案馆建设指南》(档办〔2010〕116号)、《企业数字档案馆(室)建设指南》(档办发〔2017〕2号)。根据这两份文件可以发现,一方面,电子文件接收和管理作为馆藏数字资源建设的环节之一,是数字档案馆总体建设的重要组成部分。对于数字档案馆来说,在设计电子文件接收的相关功能时需要确定电子文件的接受范围、标准、方法(离线、在线等),明确电子文件移交的方式、时限,并且要加强对这一过程的监督指导。另一方面,数字档案馆系统安全、数字档案信息安全的保障体系构建也可为进入数字档案馆中的电子文件提供安全性、可靠性保障。

涉及第四类内容的规范制度性文件包括《国家档案局关于做好各级国家档案馆实施<中华人民共和国政府信息公开条例>工作的通知》(档函〔2007〕108号)、《国家电子政务工程建设项目档案管理暂行办法》(档发〔2008〕3号)等。《国家档案局关于做好各级国家档案馆实施<中华人民共和国政府信息公开条例>工作的通知》强调各级国家档案馆应加强电子文件中心建设,有条件的国家档案馆要在电子文件中心平台上建立政府公开信息目录和全文机读数据库并提供网上服务,从而最大限度地满足人民群众对政府公开信息的利用需求。《国家电子政务工程建设项目档案管理暂行办法》强调电子政务实施机构与参建单位应采取管理措施及技术手段对电子文件进行全过程管理,保证其真实、完整、安全、有效。

除此之外,《"十四五"全国档案事业发展规划》对"十四五"期间的档案事业发展主要任务进行规划,涉及电子文件的内容包括:①在档案制度规范建设方面,要加强《党政机关电子公文归档规范》《电子文件归档与电子档案管理规范》等的解读和宣传贯彻工作;②加强电子文件归档和电子档案移交与接收,切实推动来源可靠、程序规范、要素合规的电子文件以电子形式单套制归档;③重点开展大数据环境下电子文件与电子档案一体化管理等重大课题研究。

在核电行业中,中核集团档案部门自 2008 年起陆续发布《核电电子文档移交细则》(中核档发〔2008〕43 号)、《核电项目档案移交与接收办法》(中核档发〔2014〕97 号)、《核电项目数码照片档案采集及归档要求》(中核档发〔2014〕97 号)《总承包模式核电项目档案归档范围及原件归属管理办法》(中核档发〔2014〕97 号)《核电项目文档管理评估办法》(中核档发〔2014〕97 号)等文件。其中,《核电电子文档移交细则》对电子文档的移交范围、移交方式、移交要求进行规定,并针对核电电子文档、档案移交特点制定了《核电电子文件元数据》;《核电项目档案移交与接收办法》对元数据、在线移交方法等进行了补充完善。

5.5.2　核电文档程序规范的构成要素

（1）业务流程规范

流程是指完成一项任务或一次活动的全过程,这一全过程由一系列的工作环节或步骤组成,相互之间有先后顺序,有一定的指向。这种先后顺序和指向反映了这一工作或活动存在的内在逻辑。所有的工作环节衔接起来便构成了一个完整的业务流程。Thomas H. Davenport 和 J. E. Short 将流程定义为"为特定顾客或市场提供特定产品或服务而实施的一系列精心设计的活动",认为业务流程强调的是工作任务如何在组织中得以完成。相应地,业务流程的重要特征就是跨职能部门、分支机构或子单位的既有边界。根据上述思想,他们将业务流程定义为"以达成特定业务成果目标的一系列有逻辑相关性的任务"。20 世纪 90 年代初,以哈默为代表的学者对企业流程再造进行了一系列的实践和探索,形成了比较科学的管理方案。郑立明等国内学者也对流程管理的实施模型与技术构成展开了细致的研究[108]。

从电子文档管理视角来看,可粗略地将核电行业中的业务流程分为核电业务流程与文档管理流程,分别包含核电业务周期与文件生命周期。关于二者之间的关系,一方面,核电业务流程的规范是电子文档合规管理的基础,运行规程、工艺流程图等电子文档的内容是业务工作的重要参考依据,其深度参与核电业务;同时作为电子文件,拥有自身的文件生命周期,处于文档管理流程中。另一方面,移交、归档环节是处于现行期的电子文档暂时结束其在业务流程中扮演的角色而完全进入文档管理流程的接口,对于已归档的电子文档,利用环节则是其重新"介入"业务流程的接口。文档管理

流程规范有助于促进电子文档在利用环节对核电业务流程
起到的正向作用,在研究及实际业务中需要加强对这两个环
节的关注。

归档活动是处于现行期的电子文档暂时结束其在业务
周期中扮演的角色而完全进入文档管理流程的接口,文档管
理人员需要重点关注这一活动。《电子文件归档和电子档案
管理办法》(GB/T 18894—2016)中指出归档是"将具有凭证、
查考和保存价值且办理完毕、经系统整理的电子文件及其元
数据管理权限向档案部门提交的过程"。《党政机关电子公
文归档规范》(GB/T 39362—2020)将电子公文归档分为文件
收集、文件整理、文件移交、档案接收 4 个环节,共包括 12 个
步骤,即"捕获、录入、转换、组件、编号、封装、移交检测、移交
登记、提交、接收检测、接收登记、接收确认"。王向女等认为
从电子文件模板或外来文件到电子档案共需经历三个环节,
本质上就是内部或外部的电子文件的归档过程。其中第一
个环节是由业务人员主导的内部文件分类、著录、审核和批
准,以及由文档人员主导的外来文件有效性检查、系统导入;
第二个环节是文件的鉴定与归档,由业务人员鉴定文件内容
价值,由文档人员鉴定文件的"四性"并完成归档;第三个环
节要求文档人员将需归档文件的模板以及需要著录的属性
嵌入到电子文件系统,并且按照档案分类原则对电子文档系
统中的文件生成类型进行分类,达到前端控制[90]。黄新荣等
认为电子文件的归档意味着电子文件控制权的转移,登记和
备份也不能代替归档[109]。吴志杰等通过分析发现在组织机
构视角下,业务系统电子文件的归档是一项参与主体多元的
系统性工作,不仅需要处理多元主体之间的协同合作问题,
还需要处理单一主体面临的分工作战问题[110]。而利用活动

则是已归档的电子文件重新进入业务流程的入口,需要文档管理部门协同业务部门展开需求调研,根据业务需要开发多样化、智能化的电子文件利用模块,最大限度促进对电子文件证据力、服务力的保障。

业务流程规范主要具有三点内涵,即业务流程是可运行的、过程是安全可靠的、效率是极优的。可运行的业务流程覆盖了实际业务的基本需求,可以解决该项业务针对的问题,是业务流程规范的最基本要求;过程安全可靠是实现业务流程规范的重点,对于安全性、精密性要求高的业务,需要国家及行业主管部门等共同拟定业务流程制度标准,并加强对业务工作者的培训,同时对系统等保障要素加以规范;业务流程效率极优是指在综合考虑人力、物力等成本的基础上选择时间效率、业务效益处于极大值状态的运行流程。

结合以上三点内涵,保障业务流程规范的最基本要求是在设计阶段进行充分的调研,对业务需求、业务目的、业务环节以及各环节涉及的诸多细节进行整体把握,以科学的核电专业知识与流程优化理论指导业务流程的构建。而在保障过程安全可靠时,可以在保证业务环境可靠、责任人可信、操作流程可运行的基础上对业务流程进行扩充或整合。以"编校审批"这一流程为例,"编写"这一活动是新的内部电子文档产生的主要来源,"校核""审核""批准"则层层递进,分别从内容、形式等不同维度确认电子文档是否合规。这可以视为通过扩充业务流程、增加责任者的形式保障电子文档在业务流程中处于合规状态,但由于增加了责任者,理论上泄密等风险也随之增加,因此需要注重对责任者保密意识的培养。

除此之外,在电子文档管理过程中,由于业务流程与文档管理流程存在交叉,核电业务周期与文件生命周期深度交互,因此文档管理人员在对文档管理流程进行设计优化、熟练文档管理业务之外,需要参与到业务流程的规划中,主要以在制度标准建设等方面对业务流程中的电子文档走向提供建议的形式,协同业务部门共同打造业务流程规范的电子文档合规性管理局面。业务工作者也要积极向文档管理部门提出其对于电子文档利用的具体需求,为其提供必要的核电业务相关的专业性知识协助,促进电子文档多样化、智能化利用,深化文档管理流程意义。

(2)法规政策规范

按制定主体、制定流程、强制性要求、内容形式等角度进行划分,与电子文档合规性管理相关的法规政策大致可分为三类,分别是法律规定、政策制度、国家与行业标准。法规政策规范即围绕法律规定、政策制度、国家与行业标准三类具体对象,通过构建合适的法规政策体系,落实法律规定对于电子文档控制力、证据力、服务力的保障,加强政策制度对于电子文件管理内容及方法的引导,实现国家与行业标准在实际业务工作中的推广与采纳。实现法规政策规范,是实现电子文档合规性管理过程中程序规范的必然要求,一方面,法规政策的构建过程通常具有规范性、科学性,能够较好地对核电行业电子文档管理工作进行指导;另一方面,法律由国家强制力保障其效力,而制度、标准等可以由国家主管部门、企业领导部门等要求业务工作部门采纳执行,以此保障业务流程规范。

当前我国法律体系中三大诉讼法、《档案法》和《电子签名法》等的相关内容对电子文档的证据力进行了有效维护,而对于电子文档的控制力、服务力的保障则缺乏相关的法律规定。由国家能源局、国家档案局等主管部门以及中核集团等行业单位发布的相关制度、标准,在一定程度上对核电行业电子文档管理进行了规范,重点关注从移交、归档环节开始的以文档管理周期为核心的活动,并提出了相应的元数据标准以及封装标准。

在当前法规政策体系的基础上,核电企业为保障电子文档合规性管理过程中的法规政策规范,可重点关注三点内容。其一,企业要加强对法规政策的敏感性认知,遵守相关法律规定,调研并积极学习与行业相关的政策制度,并结合自身业务开展情况采用适用的行业标准,稳步提升电子文档管理水平;其二,企业要根据实际情况与业务需求,对采用的行业标准进行实地优化,如对分类标准进行增删改、对具体指标进行升级等,并进行专家评审;其三,要构建企业专属的政策标准体系,以国家法律为核心,实现业务流程与文档管理流程全生命周期的标准化,在政策中落实全员质量责任制、全程电子化模式、全域监督评估机制[54],通过建设政策标准体系来指导业务流程,明确人员责任及奖惩、单轨制实施办法、系统建设技术指标、监督评估政策等内容。

5.5.3 双周期交互视角下确保程序规范的策略与路径

就业务流程规范而言,在核电厂设备全寿期中,电子文档产生的途径较多,对于内部文件而言,可以通过制定编写规范的方法对编制、撰写等电子文档产生途径进行约束;而对于外部文件而言,往往难以对其源头进行严格控制,因此对其产生规则的约束可重点落在"四性"检测等方面。在实际工作中,构建业务体系往往针对广义的业务体系,即需要

考虑责任者、系统等要素。而由于处于正常运作状态的企业
往往已具备成型的业务开展模式,因此业务体系构建通常是
指在程序规范这一要求的指导下,对与电子文档相关的核电
业务流程与文档管理流程进行梳理、规范、优化的过程。在
业务流程优化方面,2012 年,中核二三红沿河项目部大力推
广《VFTOPEN/CLOSE 图纸的分发改进》,从分发模式、电子
分发模式优化、管理观念三个方面对业务流程进行优化,具
体内容包括减少纸质图纸分发数量、增加单次可上传电子文
件数量,实现了纸质资源的节约与电子资源的共享,符合中
核二三"集约化、标准化、专业化、信息化"的发展要求。蒋建
峰对"一网通办"下电子文件归档的主要流程进行分析,将系
统分为审批业务系统、数据交换系统、电子档案管理系统三
个部分,可在业务流程中实现审批、电子文件组件、归档信息
组包、"四性"检测与档案信息包固化、数据移交与传输、存档
信息包管理等功能,并对接件人员等责任者的职责以及整体
的业务过程进行逻辑梳理[82]。

　　构建核电行业电子文档管理业务体系是对电子文档来
源可靠的必然要求和重要保障。从核电业务流程与文档管
理流程出发构建的业务体系,一方面,覆盖了核电行业中与
电子文档管理工作相关的两大模块,在逻辑上分离核电业务
与文档管理业务,是对其工作性质差异性的把握,在管理角
度上具备科学性;另一方面,由于电子文档在核电业务中往
往发挥巨大作用,如运行规程文件可指导具体业务的开展,
该业务体系考虑到了二者存在的客观交互,并对交互过程进
行分析,在实践过程中具备可行性。在构建的业务体系中,
核电企业对核电业务流程与文档管理流程中电子文档的活
动进行了规定,可以在业务体系中迅速定位某份电子文档的

来源、去向，实现对电子文档来源的精准把控。通过对活动中责任者及其职责、系统功能模块及业务逻辑等的设计，在定位电子文档的同时能对保障其来源可靠的要素进行控制。

业务体系在企业中的直接表现形式即为业务活动的推进，细化到电子文档这一对象即是指电子文档的活动路径。在构建的职能体系基础上，应由企业成立的电子文档管理委员会等组织负责业务体系的构建，并重点关注业务活动及其中电子文档的运动。具体可按照以下三步实现业务体系合规。

其一，梳理业务模块。梳理业务模块可以业务部门为单位开展工作，摸底并统计当前企业中产出、办理、利用电子文档的相关业务，并同时分析业务模块之间的关系，包括电子文档的流转方向、流转方式、内外部形态转换等具体内容。梳理业务模块间逻辑关系的同时，需要考虑如何通过新建业务环节、组合业务模块等方式实现档案部门对电子文档的前端控制，确保电子文档处于档案部门的全流程管理状态下，可以通过在核电业务流程中加入档案部门可开展具有前端控制作用的业务环节，如在业务流程的关键环节由档案部门审核电子文档的"四性"，或者将档案部门纳入电子文档产生等环节的责任者范围，对电子文档形成等过程负责。

其二，细化业务流程。业务模块是业务体系的组成单元，是相对独立的功能实体，如编写运行规程、利用业务流程图进行错误检测等。但是各业务模块同样依赖于其他业务模块的输入，对于某一具体业务模块，其输出结果也将影响其他业务模块的处理效果。因此需要对业务模块进行逻辑组合。在细化业务流程环节，一方面需要依据电子文档的输入、输出关系以及业务流程设计的科学性、核电业务需求的完备性等对单个业务模块进行排列和连接以形成业务流程网状结构，以确保业务流程是可运行的、过程是安全可靠的，并在排列组合中实现业务效率极优。

其三，设计业务系统。系统是活动的载体。在数字环境、单轨制管理背景下，可以说系统是业务流程的核心展现方式。在业务体系中，对系统的设计至关重要，主要围绕以下几个方面开展。首先是软硬件环境的准备，这是系统自身可靠的基本要求。其次是在架构好的软硬件环境上，对核电业务系统、文档管理系统等进行基于需求的开发，即对业务模块梳理结果、业务流程计划结果进行向系统中实际功能模块、工作流程的映射，使得核电业务流程、文档管理流程能在系统中正常运作。系统的开发过程不仅需要技术人员的参与，同样需要实际业务工作者、文档管理人员提出自身需求、给出相应参考意见。最后则是系统的评估、优化，可参照软件工程中的"再工程"理念，主要是对系统的迭代、优化，以应对系统中可能出现的问题以及业务流程的变化。

就法规政策规范而言，当前国家及各级主管部门、行业协会、企业内部均产出了一定数量的与电子文档管理相关的政策制度，在实践工作中发挥了重要作用，但也存在政策体系不明确、政策内容不完整、政策失效不及时等问题。在此背景下，要实现电子文档管理政策体系合规，可按照以下流程开展相关工作。

其一，梳理已有政策。对企业来说，针对某一具体对象，需要更全面地了解与其相关的法规政策。以电子文档管理系统为例，《档案信息系统安全等级保护定级工作指南》(档办发〔2013〕5号)、《档案信息系统安全保护基本要求》(档办发〔2016〕1号)、《关于进一步加强档案安全工作的意见》(档发〔2016〕6 号)、《电子档案管理系统基本功能规定》(档办发〔2017〕3 号)等多个政策文件均对系统进行了功能规定或性能要求。同时,企业在进行政策调研时,应全面关注国家层面、行业协会以及企业完善或自建的各项政策、制度、标准,以便后续对其进行全面分析。在进行政策梳理时,应尽量避免以单个需求为导向,需要尽可能考虑政策的体系性问题,即一份政策文件可能包含了对若干个子问题的说明。或可行的解决办法是以构建的业务体系为导向,尽量收集到与企业电子文档管理相关的全部政策标准。

其二,进行政策评估。对于收集到的相关政策,需要对其进行内容、背景分析,评估其时效性以及其在当前环境下和未来发展过程中对企业的适用性,判断是否需要采纳相关内容或对其进行适应性优化。除此之外,对于涉及某一具体内容的多项政策,如何把握各政策文件的侧重、偏向,思考应对政策文件间的内容重叠方法也应当是企业在分析政策文件具体内容的同时需要重点关注的问题。

其三,罗列体系缺漏。根据政策调研结果,企业需在自身的需求上构建起相应的政策框架;根据政策评估结果,企业需将可用或经过完善后可用的政策制度标准等填入构建的政策框架中。对于框架中的每一个点,应尽可能确保其完善。对于空缺的点或者不够完善的点,应在后续的环节加以填充或完善。

其四,进行政策制定。对于上一环节中发现的体系漏洞,应进行完善和补缺。对于现有政策不能完全覆盖其实际需求的对象(包括业务环节、职能分工、技术指标等),要结合国家层面的宏观指导与行业情况对其进行完善;而对于宏观政策中可能缺失的内容,一方面企业可以向上级主管部门进行建议与反馈,另一方面在该类型业务工作迫切需要政策指导的情况下,企业应按照科学的政策制定流程,通过制定暂行办法等对业务进行指导。除此之外,企业在制定相应政策时要关注电子文档的背景、内容、结构等要素,通过设定元数据标准等多种方法保障电子文档的合规性。

5.6 坚持核电文档要素合规

5.6.1 核电文档要素合规的必要性

新修订的《档案法》对具有凭证性的电子档案的性质进行了规定,只有当电子档案程序规范时,才能"与传统载体档案具有同等效力",实现其"以电子形式作为凭证使用"的重要社会价值。这是我国在法律体系中首次明确指出电子文件的规范性管理要求,是《档案法》修订过程中实现的一步大跨越。我国《刑事诉讼法》《民事诉讼法》《行政诉讼法》三大诉讼法以及《电子签名法》等对电子文件的凭证性地位给予了法律认可与支持,如《刑事诉讼法》(2012年修订)认可电子数据作为一种"证明案件事实的材料"。修订后的《民事诉讼法》与《行政诉讼法》均承认了电子数据的证据地位。《电子签名法》第一章第三条规定:"当事人约定使用电子签名、数据电文的文书,不得仅因为其采用电子签名、数据电文的形式而否定其法律效力。"该条规定同样保障了电子签名、数据电文的法律效力。

国外在电子文档管理立法方面也积累了一定经验。安小米等对美国、加拿大等15个国家和1个地区电子文件和数字档案管理有关的法律法规、政策标准等进行了调研分析，从将电子文件管理纳入政府公共管理法规体系、事务活动法规体系、信息利用法规体系三个方面出发分别探讨国外电子文件控制力、证据力、服务力保障机制提供的借鉴[72]。可以发现，多数国家选择制定档案法、电子文件管理法等来规范电子文件管理流程，通过制定证据法、电子签名法等来保障电子文件的凭证性地位，通过制定信息自由法、数据自由法、信息利用法等来保障公民在获取、利用电子文件等环节的隐私权等问题，这对我国电子文件合规性管理具有良好的借鉴意义。

国际电子文件管理领域的著名标准有《信息与文献—文件管理》(ISO 15489)、《电子文件管理通用需求》(第二版)等。其中，ISO 15489 从文件管理本质、规章制度、管理体系、管理要求、信息系统、管理过程、审核、培训等方面规范文件管理，覆盖了电子文件从创建到长期保存或销毁的全生命周期，被誉为文件管理的最佳实践，因此被美国、英国、新西兰、澳大利亚、韩国等采纳为国家标准。

我国近年来积累了数量较多的关于电子文件的标准，大致可分为以下四种：①电子文件归档与电子档案管理规范，包括《CAD 电子文件光盘存储、归档与档案管理要求 第一部分：电子文件归档与档案管理》(GB/T 17678.1—1999)、《电子文件归档与电子档案管理规范》(GB/T 18894—2016)、《党政机关电子公文归档规范》(GB/T 39362—2020)、《政务服务事项电子文件归档规范》(DA/T 85—2019)、《产品数据管理(PDM)系统电子文件归档与电子档案管理规范》(DA/T 88—2021)、《电子会计档案管理规范》(DA/T 94—2022)、《电子档案移交接收操作规程》(DA/T 93—2022)、《电子档案单套管理一般要求》(DA/T 92—2022)；②电子文件存储格式规定,包括《电子文件存储与交换格式 版式文档》(GB/T 33190—2016)、《版式电子文件长期保存格式需求》(DA/T 47—2009)、《基于 XML 的电子文件封装规范》(DA/T 48—2009)、《基于文档型非关系型数据库的档案数据存储规范》(DA/T 82—2019)；③文档管理系统功能及安全性要求,包括《电子文件管理系统通用功能要求》(GB/T 29194—2012)、《电子档案管理系统通用功能要求》(GB/T 39784—2021)、《文书类电子档案检测一般要求》(DA/T 70—2018)；④元数据方案,包括《文书类电子文件元数据方案》(DA/T 46—2009)、《核电电子文件元数据》(NB/T 20418—2017)等。

国家能源局针对核电行业电子文件、档案管理发布了一系列行业标准,其中包括《核电文档管理系统功能要求》(NB/T 20041—2011)、《核电档案分类准则及编码规则》(NB/T 20042—2011)、《核电电子文件元数据》(NB/T 20418—2017)、《核电文件档案管理要求》(NB/T 20523—2018)等,对核电行业电子文件管理起到了良好的指导、规范作用。其中《核电文档管理系统功能要求》从文档分类体系、电子文件的生成与控制、文件的捕获与登记、文件的分发、文档信息的加工与整理、文档的利用、文档的保管与处置、元数据管理、文档的控制与安全、系统管理以及电子签名等拓展功能 11 个大类出发,分别对系统的功能进行标识(必备或可选),在标准层面有效保障了系统的可靠性,有利于实现电子文件"来源可靠、程序规范、要素合规"；《核电文件档案管理要求》从捕获和收集、整理、归档、保管、利用、鉴定和处置、元数据 7 个方面规范了电子文件的管理流程；《核电档案分类准则及编码规则》将核电档案分为 12 个基本大类；《核电电子文件元数据》从文件实体、业务实体、责任者实体、关系实体、法规实体5个方面对核电电子文件元数据进行了规定。

5.6.2　核电文档要素合规的构成要素

（1）背景

电子文档的要素是指构成电子文档这一主体、维持电子文档运动、记录电子文档状态的各种成分单元。由冯惠玲提出的经典电子文件"三要素观"认为，电子文件要素包括背景、内容、结构。国家档案局的蔡学美综合分析了电子数据生成和保存的重点要求与中央办公厅、国务院办公厅2019年发布的《党政机关电子公文处理工作办法》对电子公文的要素要求，对电子档案的要素进行归纳、分析，将电子档案要素分为背景、案卷、形成、管理、效力五大类。在"三元素观"的视角下，可将案卷要素、管理要素、效力要素以及形成要素中的电子文档办理信息、归档信息、检查信息纳入背景要素的讨论范畴，而将形成要素中的电子文档内容信息视为电子文档内容要素。

电子文档的背景要素是对运动中的电子文档所处状态的动态记录，通过背景要素，可以了解电子文档的状态变化，把握其运动轨迹及具体细节。记录电子文档背景要素也是对稳定状态的电子文档的一种观察及管理手段，便于文档工作者能及时发现其中存在的问题，并在对电子文档开展利用工作时快速定位所需要的电子文档。记录电子文档背景要素对于确保电子文档要素合规具有重要意义。

按照背景要素的具体数据项是否可变（原数据项仍然保留），可将电子文档的背景要素分为动态要素与静态要素。其中动态要素通常包含各类过程元数据，是对过程信息的描述,如多次升版过程中需要对每次升版的责任人、时间、缘由等进行记录,而静态要素通常不变,如已归档电子文档的档号等。从核电业务流程与文档管理流程中的电子文档运动轨迹来看,可将电子文档要素分为6类:①形成过程记录,主要是指在电子文档的形成环节对业务流程中的各项活动进行描述(如编校审批等活动),结合元数据项设计、元数据值填写的途径综合记录活动名称、活动责任人、活动起止时间以及对应的系统信息,保障电子文档来源可靠;②归档过程记录,由于归档过程是处于现行期的电子文档暂时结束其在业务流程中扮演的角色而完全进入文档管理流程的接口,因此需要重点关注并记录鉴定信息,包括"四性"校验结果、鉴定人、鉴定结果等,以及符合归档条件的电子文档的归档时间、归档方式、归档范围、归档时的系统状态以及在归档过程中业务部门与文档管理部门两端各自的对接人员等;③管理过程记录,侧重于记录电子文档归档后经历的管理过程信息,包括著录过程、标引过程、存储过程中的责任人、时间等;④利用过程记录,对电子文档的请求阅览或下载、阅览、下载、检索等过程的责任者、时间等进行记录;⑤所在全宗、案卷信息以及逻辑存储、物理存储等信息,在存储介质中,电子文档的物理地址具有唯一性,而其逻辑存储地址则与多种因素相关,具有可变性;⑥文件效力信息,既包括对电子文档"四性"检测结果的存储,也包括对系统中采用的保障电子文档效力的各种技术手段,如时间戳、区块链、电子签名等的背景信息描述。

实现电子文档背景要素合规,需要核电行业在已有元数据方案,如《核电电子文件元数据》(NB/T 20418—2017)的基础上,根据自身对背景信息的记录需求,对元数据方案进行适应性调整,并采用合适的封装方案对电子文档的背景信息加以存储。对于业务系统与文档管理系统,需要及时捕获相应的背景信息(包括责任人、时间、系统状态等),并能够将背景信息以元数据的形式与电子文档内容等进行封装。对于系统而言,要能够灵活地管理背景信息的不同版本,对动态元数据要有较好的管理方案。

(2)内容

内容指的是电子文档表达其产生目的的主体部分,是电子文档在"编校审批"这一形成过程中各责任者需重点完善、关注的部分,也是电子文档发挥其在业务流程中的指导、赋能作用的主要力量,体现了核电业务的技能性与专业性要求,是电子文档要素合规的核心。

内容要素合规的具体要求应根据电子文档的类型、作用而定,需要符合 3 点要求。其一,要存在相应的规范、标准指导内容产生的过程,规范、标准的建设应符合科学性以及核电业务专业性的要求;其二,对于编校审批各环节的责任者,在其所处活动阶段的责任范围内,要能够遵守相应制度,依据已设计好的、在企业内达成共识的规范、标准对文件进行编写、审核等操作;其三,应通过系统等途径确保电子文档的内容随着文件流转始终是安全、可靠、真实、有效的,在数据传输时电子文件的内容应保持不变。

由于内容的产生在一定程度上具有主观性,因此需要通过设计文件编制规范并采用多方审核、专家会审等形式确保规范合规,进而保障电子文档内容合规。具体做法可体现为:针对不同类型的电子文档(如运行规程、工业流程图等),由企业领导层面支持,组建专门的电子文档规范制定小组,由业务部门、领域专家等主导,档案部门协同参与,出台相应的规范政策并进行发布、推广,在此基础上对内容生产者进行培训,提高其生产内容的规范性。同时需要加强自动与人工相结合的审查方式,以自动方式判断内容是否符合逻辑、数据项值是否处于值域中等内容,以人工审查方式加以补充,提高内容生产、管理流程的合规性。

(3)结构

电子文档的结构指的是电子文档的内容、背景等的组织方式,即电子文档呈现出的可见的外在形态。以单份电子文档为例,其结构包括版面的设计、数据项的分布、内容的布局等;而多份电子文档之间的关联也可通过结构来体现,如同一案卷下的电子文档以相应的规范进行封装,同存储于某一级文件夹下。对于电子文档间内容的关联,可通过自然语言处理等方式,以数据库的形式对其关联信息加以存储。结构是电子文档的外观,是对文件实质与文件间关系的反映,是业务工作人员、文档管理人员直接与电子文档内核进行交互的介质。因此,把握电子文档结构,是保障电子文档要素合规的必然要求。

保障电子文档结构合规,同样需要相应的规范、标准对电子文档的结构进行规定,对结构的形成过程进行指导。对于单份电子文档,可以通过预设模板等形式对其版面进行规划,业务工作者在编写电子文档内容时可直接根据预设模板进行表项值的填写;对于多份电子文档,物理上可通过采用相应的封装标准对电子文档间的相对存储位置进行限定,而在逻辑上可以通过知识图谱等形式对电子文档间的关系进行存储、展示。无论是预设模板还是封装结构,都应当是清晰且机器可读的,便于业务流程中对电子文档内容进行编辑、系统对相应元数据项的捕获并填充。对于核电业务系统与文档管理系统,应能较好地执行结构合规的具体要求,要能保障其底层结构在数据编写、传输过程中的不变性。

5.6.3 双周期交互视角下确保要素合规的策略与路径

要落实和确保要素合规,主要工作就是要通过制定法规制度等方式对电子文档管理的流程进行设计,对其中细节进行标准化规定。核电行业电子文档管理体系的程序规范主要包括两个层面的约束,其一是核电行业中的整体管理,其二则是落实到具体核电企业中对于电子文档管理工作的职能规划,因此双层职能体系的设计,具有科学性、适用性和必要性。科学性体现在宏观与微观的结合,既减轻了企业在摸索电子文档合规性管理模式道路上的压力,同时又与宏观职能体系工作相协调,可以实现对核电行业电子文档管理水平的整体推进。适用性体现在核电行业工作具有精密性、复杂性,各企业实际工作情况存在一定差异,需要构建此类微观职能结构对宏观政策、标准进行适应性调整。必要性则是由于当前核电行业并未存在固定且明确的宏观体系,企业内部的电子文档管理职能分配仍存在不明晰的情况。

具体来看,宏观职能体系由国家主管部门、行业协会以及代表企业的相关人员组成,其主要职责包括:①共同制定规范化的电子文档管理制度、标准,如《核电电子文件元数据》(NB/T 20418—2017)是由能源行业核电标准化技术委员会提出,由核工业标准化研究所归口,由核工业档案馆、中广核核电运营有限公司、中国核电工程有限公司、中广核工程有限公司、福建福清核电有限公司负责起草,由国家能源局发布,从编制到发布的这一过程具有完整的职能规划;②在核电行业中对制定的制度、标准等进行推广并提供理论、技术支持,具体形式可体现为编制执行说明手册、开展线上线下培训等。如中核华兴科研部和人力资源部共同举办了技术文件和应用文写作培训,邀请业务专家对工程技术应用性论文、技术总结的撰写以及施工方案的编制进行讲解。除此之外,可以发挥宏观职能体系的作用,通过组织座谈会、学术交流会等形式促进行业中实践经验、研究成果的交流,如中国电子文件管理论坛以及由中国核学会推荐的国际核工程大会、全国核物理大会等[111]。而在微观层面由企业自身构建的职能体系主要由业务部门和文档管理部门的相关人员组成,主要对企业内具体的核电业务流程与文档管理流程负责:一方面是更好地实施由宏观职能体系构建的制度、方法;另一方面是对宏观的制度、方法进行适应性调整,以符合企业实际需求。

为了实现这样一种宏观与微观相结合的双重职能体系结构,核电企业既要分别考虑对宏观、微观职能体系的建设,也要考虑二者之间的交流。对于宏观职能体系,应由国家能源局、国家档案局等国家级主管部门牵头,由中核、中广核等龙头企业主导,其他中小企业参与,多方主体配合,共同促进核电行业电子文档管理生态向好发展。而对于企业建设的微观职能体系,可以采用成立企业电子文档管理委员会等形式,由企业领导层批准,核电业务部门、文档管理部门、行政部门等各自派出代表参与委员会工作,并对接其来源部门,在委员会中结合电子文档合规性管理要素对企业内部的电子文件管理工作进行现状摸底和整体规划,在此基础上统领电子文档相关系统以及对应接口的建设、管理工作,对相关的制度、标准进行学习、吸收、转化、更新,并在其来源部门中推广委员会构建的符合企业现实需求与实际情况的制度、标准,对电子文档管理流程、具备要素进行规范,即负责业务体系、政策体系、技术体系、评估体系的建设,在这一过程中实现文档管理部门对电子文档的前端控制,保障电子文档来源可靠。而宏观职能体系与微观职能体系的交流主要体现在宏观政策、标准的制定既要能体现较高的管理水平,如应尽可能使流程科学化、采用成熟的先进技术等,也要考虑当前行业整体的发展水平,充分调研电子文档管理现状以及可支配资源情况,进行合理的发展规划;微观职能体系作为宏观职能体系的直接对接方,接受来自宏观职能体系的指导,并可以以成员等身份参与到宏观职能体系的相关工作中。

宏观职能体系的构建相对复杂,需要由国家主管部门评估后再进行组建职能体系人员的召集与遴选,往往需要花费较长的周期。在宏观职能体系建设还未完善之时,企业需要加强微观职能体系建设。企业既要重视电子文档管理工作,将其作为企业知识资产的一部分列入其未来发展规划中,也要认识到电子文档在业务周期以及文档生命周期中的连续性和双周期间的交互性特点,重视档案部门在企业电子文档管理中的重要作用。档案部门参与行业信息管理工作具有天然优势和实践基础,如档案馆作为参与中核战略规划研究总院有限公司组建的五家子单位之一,与核工业标准化研究所等共同承担加快核工业体系总体规划能力、战略咨询能力、管理评估能力、信息收集分析能力、经济分析判别能力等五大能力建设的职责[112]。

对于电子文档管理委员会等企业设置的电子文档管理工作领导小组成员来说,档案部门应在信息技术高速发展的当下积极融入数字工作环境,在保留自身独特性的同时积极

掌握与核电业务电子文档相关的专业知识,以在其进行前端
控制时保证其工作的科学性;业务部门代表人员应提出自身
需求,必要时对档案人员进行核电业务知识的培训,并配合
档案部门的相关工作。电子文档管理工作领导小组成员应
充分沟通、互相信任,朝着建设企业知识资产库、电子文档赋
能核电业务工作的统一目标共同努力。

5.7 小　　结

　　本章构建了基于双周期交互的核电文档合规性管理,指
出了核电文档合规性管理的背景与必要性,并基于国内外文
档合规性管理的实践指出了核电文档合规性管理践行来源
可靠、程序规范、要素合规的方法与路径。

6 业务维(Business):基于双周期交互的核电文档连续性管理

6.1 基于双周期交互的核电文档连续性管理框架

6.1.1 核电文档一体化管理

核电文档一体化管理是基于双周期交互的核电文档连续性管理实践的基础。文档一体化是包括文件、档案生成一体化、管理一体化和利用一体化在内的从现行文件到馆藏档案整个运动过程的全面控制和科学管理,其中贯穿着系统思维。文档一体化管理建立在文件生命周期的理论上,是对文件和档案进行全程一体化管理的管理方式。核电文档的一体化管理包括组织一体化、标准一体化和技术一体化三个维度。其中,组织一体化为核电文档一体化管理的开展提供了组织保障。建设符合文档一体化需求的组织架构,能够明确各个部门在文档管理中的权责,从而保障文档一体化工作的顺利进行。标准一体化规范了文档一体化中各个环节的操作标准、数据和文档的管理标准与技术标准等等,保证了文档一体化管理操作上的便捷性。技术一体化则是在管理系统的建设中纳入文档一体化的需求,从系统功能模块的设置与技术的运用上,实现文档的一体化管理。

6.1.2 核电文档全流程管控

基于双周期交互的核电文档连续性管理秉持全流程管理的理念,对核电文档进行全流程管控。核电文档的全流程管控包含前端控制、中端协调和后端统一三个部分。前端控制是指在项目策划阶段,根据项目的实际需求,对文档管理进行策划,包括对交付文件的环节、文档收集范围的设计、对文档管理系统进行模块设置、对文档质量标准的设计、对文档管理人员的提前培训等等。中端协调是指在文档管理的实践中,做到文档管理各个环节的协调、文档管理与核电全寿期的协调等等。后端统一是指在最终的归档环节,核电档案的元数据和档案格式要保证规范性和统一性。

6.1.3 核电文档风险治理

核电文档风险治理是实现核电文档连续性管理的重要保障。核电文档管理过程中存在很多风险,包括环境风险、数据风险、管理风险、技术风险和实践风险。环境风险是核电文档管理的外部风险,包括文档管理设施设备存在的潜在风险和管理活动面临的不可抗力风险;数据风险是指业务数据管理中可能出现的问题,包括业务数据的不规范、不准确和数据缺漏与被随意窜改等风险;管理风险是指核电文档管理过程中管理标准和方针存在潜在风险;技术风险是指技术运用过程中可能产生的风险;实践风险则是指在文档管理实践中可能产生的风险。

为了提高核电文档管理的效率与质量,需要建立完善的核电文档风险治理体系,包含预测、监控、识别、评估和应对五个维度。预测是对核电文档风险进行提前预测,并根据可能存在的风险制定应急预案以备不时之需;监控是对核电文档管理的实时监控,全面记录核电文档管理的状况,实时反馈管理记录;识别是在管理记录中精确识别异常状况,并对情况进行分类;评估是对已经分类好的风险进行等级评估;应对则是根据风险类别与等级,匹配相应的应急预案或制定新的应对方案,并实施方案进行风险治理。

6.1.4 核电文档"四性"保障

核电文档的"四性"包括真实性、完整性、可用性和安全性。根据《文书类电子档案检测一般要求》,真实性指电子档案的内容、逻辑结构和背景与形成时的原始状况相一致的性质;完整性指电子档案的内容、结构和背景信息齐全且没有破坏、变异或丢失的性质;可用性指电子档案可以被检索、呈现和理解的性质;安全性指电子档案的管理过程可控、数据存储可靠, 未被破坏、未被非法访问的性质。核电文档的"四性"保障是文档连续性管理的前提,它要求在核电文档连续性管理框架中设置针对真实性、完整性、可用性和安全性的管控与检测环节。

(1)真实性管控与检测。核电文档的真实性需要通过元数据、数据管理和文档管理等方面进行详细、统一的标准设计,以保障核电文档的真实性。针对真实性的检测,则通过审计信息检测、电子签章检测、多种格式交叉检测等方式实现真实性管控。

(2)完整性管控与检测。元数据是文档完整性管控与检测的重要依据。一方面,设置业务数据进入管理系统的门槛,只有具备完整元数据的业务数据才能进入管理系统,以此保障后续文档信息的完整性;另一方面,通过设置元数据必选项和进行元数据规则校验来检测文档元数据信息的完整性。

(3)可用性管控与检测。可用性的管控与检测包含文档内容及其元数据的可用性管控与检测、文档库的开放性管控与检测。其中,文档内容及其元数据的可用性检测主要是查看文档或元数据是否可以正常获取和浏览;文档库的开放性检测则通过服务文档操作的基本功能来进行,主要测试标准服务接口,保障系统的开放性。

(4)安全性管控与检测。核电文档的安全性关乎核电工程的安全性,因此,核电文档的安全性至关重要。一旦核电文档的安全性出现问题,会导致大量的文档损坏或失效,影响核电业务的发展。为了保障核电文档的安全性,需要从技术、管理等视角对核电文档及其元数据的安全性进行管控和检测,包括构建技术防范体系、全面记录文档管理实践、实施异地备份等等。

6.2　双周期交互的核电文档连续性管理的内涵与意义

6.2.1　双周期交互的核电文档连续性管理的背景

双周期交互的核电文档连续性管理的背景包含法律政策背景、理论背景与现实背景三个部分。

档案领域政策与法律的更新和核电领域政策的调整组

成了双周期交互的核电文档连续性管理的法律政策背景。《档案法》和《"十四五"全国档案事业发展规划》对档案管理的信息化、技术驱动和体系建设提出了新的要求,因此核电文档的管理实践也应该适应档案领域发展的新趋势,基于新兴技术和档案管理的实际需求构建新的档案管理模式,推动核电文档管理向高效率、高质量发展。新制定的能源政策也不断强调核电在国家能源体系中的重要地位,要求核电企业高效发展、安全发展,这种积极的发展态势与核电文档的有效管理具有很强的关联性。

双周期交互的核电文档连续性管理的理论背景包括传统的文档管理理论和双周期交互理论。其中,数字连续性、文件连续体等理论为核电文档管理提供了连续性管理的理论依据;双周期交互理论则从业务流程生命周期和文件生命周期交互管理的全新维度,提供了一种可以实现文档连续性管理的理论范式,为核电文档的连续性管理打下坚实的理论基础。

核电文档管理现状中存在的问题和核电业务发展的现实需求对核电文档管理模式提出了更高的要求。一方面,传统核电文档管理过程频繁出现的文档管理错乱、文档内容不规范、文档遗失等问题极大地影响了核电文档管理的效率、质量和核电业务的运行效率;另一方面,核电业务的提质增效需求和信息化转型也倒逼核电文档管理转型升级。此外,目前计算机信息技术的发展水平也能够为核电文档的连续性管理提供充沛的技术支持。

综上所述,无论是从核电企业发展的外部环境还是内部需求来看,构建基于双周期交互理论的核电文档连续性管理模式都具有必要性;而充足的理论基础和技术基础则提高了核电文档连续性管理的可行性。

6.2.2　双周期交互的核电文档连续性管理的内涵

（1）核电文档连续性管理概念界定

核电文档连续性管理是指面向核电文档的、能保障核电文档随时随需被取用的管理模式。核电文档连续性管理借鉴了数字连续性和双周期理论，对传统的核电文档管理模式进行了转型升级，并提出了几点新的管理要求。首先，核电文档连续性管理模式要求文档的实时更新；其次，核电文档连续性管理需要保障文档的安全性、完整性、真实性和可用性；最后，核电文档连续性管理需要围绕业务需求展开，以满足业务的多样化需求。这些要求将在后续章节详细展开阐释。

（2）双周期交互的核电文档连续性管理特点

双周期交互的核电文档连续性管理的特点包括数据核心、业务导向、实时更新和全程协调等。

数据核心是指核电文档连续管理的最小管理单元与管理的核心内容是数据，而不是文档。与传统文档管理模式不同，双周期交互的核电文档连续性管理秉持数据驱动的理念，希望通过对数据的高效管理来实现对核电文档的高效管理，并促进文档管理与业务管理的融合与双向赋能。

业务导向是指在核电文档连续性管理实践中充分考虑业务流程的实际需求，将业务需求真正融入文档管理。传统的核电文档管理与核电业务管理之间的关系微弱，既无法按照业务需求规范文档管理流程，也不能充分挖掘核电文档的业务赋能价值。双周期交互的核电文档连续性管理模式为了规避这种问题，从模式构建时就全面收集、整理了业务需求,并将业务需求拆解融入不同的文档管理环节与管理标准,形成真正服务于业务发展的文档连续性管理模式。

实时更新是指要根据业务数据的反馈实时更新文档数据,而非在业务流程结束后再对文档或数据进行统一管理,这种管理模式也为业务发展提供了最新的业务数据分析基础。实时更新的特点使得文档管理实践避免了文档丢失、文档与业务不同步等问题,提高了文档管理与业务发展的效率与质量。

全程协调包括两个方面,即横向协调与纵向协调。横向协调是指业务端与文档管理端的协调,双周期交互的文档连续性管理能够保证文档管理以业务为导向、业务流程融合文档管理环节、双周期双向赋能;纵向协调是指文档管理全生命周期的各个环节秉持统一管理理念与管理标准,使各环节的管理成果具有相互转换性和互通性,便于对文档进行全流程的连续性管理。

(3)双周期交互的核电文档连续性管理要求

双周期交互的核电文档连续性管理要求包含数据驱动、动态管理、双周期交互、统一规范。

数据驱动是指双周期交互的核电文档连续性管理要坚持数据核心的原则,通过对数据的管理驱动文档连续性管理。双周期交互的核电文档连续性管理以数据为基本管理单元,一方面,通过对业务数据的管理,驱动核电文档的一体化管理和连续性管理实践;另一方面,通过对核电文档的数据化管理,驱动核电文档为核电业务实践赋能,促进核电企业的信息化发展。

动态管理是指双周期交互的核电文档连续性管理要坚持动态化的原则,管理标准、管理方针和管理内容都要体现动态化理念。动态管理建立在业务导向的基础上,文档连续性管理要根据业务发展的实际需求不断调整管理标准和管理方针,并实时管理业务产生新数据,进行核电文档的版本更迭。

双周期交互是指在核电文档管理过程中要坚持文件生命周期和业务流程生命周期的交互。核电文档管理要坚持以业务为导向,文档实践环节融入核电业务的实际需求,并向核电业务环节随时随需提供文档信息;核电业务流程管理要将文档管理纳入各个环节的管理实践中,并向核电文档管理环节提供实时业务数据,作为核电文档的数据基础。

统一规范是指核电文档管理的管理方针、管理标准、管理系统具有统一性,使得数据与文档能够便捷转换、各个环节的数据和文档能被快速调用,从规范性的角度保障文档管理的连续性。

6.2.3 核电业务数据流与核电文档信息流的交互

(1)核电业务数据流

核电业务数据流是指核电业务环节中产生的数据。核电业务的各个环节会产生各种各样的业务数据,包括核电图纸的设计参数、核电工程运维的各项数据、建设环节所需的材料数据和经费数据等等。这些数据并不是独立存在的,而是通过数据流的形式,"流淌"在业务流程生命周期和文件生命周期的全过程中。

传统核电文档管理更为重视文档这一较粗粒度的内容维度,忽视了文档中数据的重要价值,因此,在传统文档管理实践中,只是笼统地标注了文档的元数据,缺乏对文档语义数据的拆解。基于这种管理模式的文档管理成果可用性较差,文档整体的利用效率较低。而双周期交互的核电文档连续性管理则将目光投向了核电业务数据流,通过对业务数据进行全程连续性管理,为核电文档的高效管理奠定基础,并为核电文档价值的充分挖掘提供可能。

(2)核电文档信息流

核电文档信息流是指核电文档中既有的、具有连续性的文档信息,这些信息是业务数据的集成。尽管业务流程中会产生大量的业务数据,但它们并不通常以数据的形式进行存储和管理,而是经过人为加工后,以文档的形式输出和传递。因此,为了对文档进行更细粒度的管理,需要以核电文档信息流为桥梁,建立起核电文档和业务数据之间的关系。

通过对核电文档信息流的管理,一方面,可以将数据转换为人类可读的信息,使得业务数据变为工作人员能够理解、可以接收的信息内容;另一方面,可以将核电文档转换为机器可读的信息,让机器能够理解文档信息的数据构成,从而更加有效地进行文档管理与信息交流。

(3)核电业务数据流与核电文档信息流交互的要素

核电业务数据流与核电文档信息流交互的要素包括数据项与信息项、数据值与信息内容、数据与文档管理标准、技术架构。

数据流中的数据项与文档信息中的信息项具有最基本的交互关系。数据项是数据不可分割的最小单位,它描述了某一事物的不同属性,例如项目的交付日期、负责人和资金总额等就是项目这一事物的不同属性。数据项还附带对应数据值的取值范围和类型等信息。信息项则是文档中信息内容的分类,与数据项相似,它也描述了具体信息表达的信息属性,例如一份施工文件中可能包含施工单位、工期、施工内容、主要负责人等信息项。数据项和信息项可以视为值的属性在不同载体上的不同表现，对比起来，数据项更具备结构化、规范化的特征。因此，要实现核电业务数据流与核电文档信息流的交互，首先要实现数据流与信息流的最小管理单位，即数据项与信息项的统一，从而从基础上保障数据流和信息流可交互流通。

在数据项与信息项达成统一的基础上，数据项对应的数据值和信息项对应的信息内容也可以流通、交换。但由于数据项与信息项的类型与取值范围可能存在差异，因此，在匹配数据项与信息项的同时，需要设置数据与信息的转换标准来实现统一管理。例如，某次业务产生了的数据中有竣工时间这一数据项，精确到秒，而一般文件记录中选用的是竣工日期这一信息项，精确到日，为了实现数据与信息的流通，可以设置"竣工日期＝日期(竣工时间)"的转换方式，来达成数据与信息的顺畅转换与流通。

前两个要素从相对微观的层面来描述核电业务数据流与核电文档信息流的交互，接下来的管理标准与技术架构则从宏观层面保障交互。

数据与文档管理标准包括管理操作规范、元数据标准和格式标准。其中，操作规范是从实践层面保障数据流与信息流的交互，例如数据生成文档的操作步骤严格规范了数据流导入信息流的标准。元数据标准是对数据与文档外部属性的具体管理要求，例如，通过记录数据的修改人与修改时间，来规范后续生成文档的版本负责人。格式标准则是数据管理格式与文档管理格式之间的相互配合，文档应当囊括必要的信息项，并参考对应数据项的管理格式来设置文档格式模板。

技术架构则是从技术层面保障数据流与信息流的交互,例如,管理数据的系统与管理文档的系统要有可操作的交互通道,技术标准要统一或可转换,等等。

6.2.4　核电业务连续性与核电数字连续性的循环

(1)从业务连续性到数字连续性:核电业务实时产生核电文档

第一,核电全寿期业务及其连续性。核电全寿期,即核电厂全生命周期,包含核电厂的设计、建造、调试、运维、延寿、退役等业务环节,这些业务环节具有一定的时间顺序,前后呼应,环环相扣。设计环节是核电厂建设图纸产生的环节,在这一环节中,工程师需要进行充分的调研工作,考虑工程的安全性、建设的可行性、运行的效率与质量等后续业务环节的相关因素,来决定图纸的内容。建造环节与设计环节紧密联系,它将设计环节的成果投入实践,也将建造中遇到的问题反馈给设计环节,保障工程建造的合理性与安全性。调试环节建立在建造完成的基础上,根据实际调试结果,可能对核电工程建设的成果进行相应调整,以提高核电工程的运行效率。运维环节则是将调试好的工程成果投入实际使用,并对设备进行定期维护,实时反馈运维数据,为新的核电工程设计提供数据参考。延寿环节是在核电工程设计寿期结束后,工程仍能正常工作,保持与运行阶段一致的安全水平的时期,这一时期的正常运作得益于核电工程建造环节与运维环节的成果。最后一个环节是核电厂的退役环节,前期生命周期的正常运转可以保障核电厂最终顺利退役。综上所述,核电全寿期各个环节之间关系紧密,具有较强的业务连续性,任何一个前置环节出现问题都会影响后续业务环节的正常运转。

第二，从核电业务数据到核电文档信息。核电业务数据是核电文档信息的来源，也是核电文档管理的核心。从核电业务数据到核电文档信息的过程，也是核电业务数据管理向核电文档管理转换的重要环节。核电业务数据向核电文档信息的转换主要包括以下几个步骤：匹配数据项、传输数据值、按照既有框架形成文档。核电业务数据向核电文档信息的转变主要发生在信息系统中，匹配数据项是将核电业务数据中的数据项与文档信息项进行匹配，在完成匹配后，设置数据值与信息内容的转换标准，并将数据值转换为可以直接构成文档的信息内容，最后在既有的文档框架下，输出基于数据的核电文档。

第三，核电全寿期业务的核电文档管理机制。从文件生命周期的角度来看，面向核电全寿期业务的核电文档管理机制的关键是核电文档管理的各个关键环节中有核电业务部门的参与或需求反映。核电文档管理的关键环节包括核电文档的标准制度制定、核电文档的内容鉴定和核电文件归档工作。核电文档的标准制度制定发生在核电文档正式进入管理流程前，具体的管理标准也可能根据业务的实际需求在管理过程中进行调整。为了保障双周期各个实践环节和模块能够执行统一的管理制度和分层机制，文档管理人员在进行管理实践时也能保证高度一致，在核电企业进行文档管理战略和方针的蓝图绘制、顶层规划和修改发布过程中，需要将"服务于核电业务活动"作为文档管理的基本要求与最终目标，以保障核电文档管理从诞生开始的全流程都能满足核电全寿期的需求。核电文档的内容鉴定发生于核电文档管理的实践过程中。核电文档内容鉴定要坚持客观性的原则，要以核电文档产生的原因与具体来源为鉴定基础,避免鉴定过程中主观性过强的弊端。进行核电文档鉴定的工作人员应当包括核电文档的撰写者、核电业务参与者和核电文档管理者三方,使文档内容鉴定过程符合核电业务活动的实际需求,通过鉴定的文档既符合文档管理标准,也能全面反映核电业务活动开展的实际情况。核电文件的归档工作也需要核电业务端工作人员的积极参与。可以组织跨部门的工作小组,在组织架构和管理实践两个层面明确归档工作的分工与各个部门的权责,协调各个归档工作参与主体的需求,共同推进核电文档的归档工作。在实际归档实践中,还需要根据不同业务部门的实际情况(数据核电业务流程与核电文件的形成情况),制定具有针对性的归档策略,并将策略运用于实践。综上所述,在核电业务端工作人员介入核电文档管理活动的各个环节后,可以切实将核电业务需求融入核电文档管理实践,真正实施以核电全寿期业务需求为导向的核电文档管理。

(2)从数字连续性到业务连续性:核电文档全时服务核电业务

第一,核电文档数字连续性及控制。核电文档数字连续性是指通过核电文档管理可以实现核电文档随时随需的利用。连续性的文档管理,一方面可以保障文档管理的效率和质量,保障文档的"四性";另一方面可以更好地服务业务实践,为业务环节提供随时随需的信息与数据支持。核电文档数字连续性的实现要建立在高质量的数据管理的基础上。数据是核电文档连续性管理的基础单位与核心资源,它贯穿了文件生命周期,串联了文档管理的全流程。在实际管理过程中,一方面要根据业务记录实时更新业务数据,为文档连续性提供数据保障;另一方面要确保数据与文档之间进行有效衔接,从而保障数据对应的文档信息的连续性,让核电文档可以随取随用。

第二,从核电文档信息到核电业务流程。核电文档信息来源于核电业务流程产生的数据,但核电文档并不是核电业务数据的终点,它更像一个中转站,存储那些还会重新被启用的数据。以核电设计图纸为例,核电设计图纸是核电设计环节的成果,记录了核电厂建造的各项参数。核电设计图纸在成稿后还具备多种应用场景。例如,核电厂建设时会将核电设计图纸作为核电厂建设的依据,核电厂运行时也会将运行实际数据与图纸上的预测数据进行比对,核电厂维修时也会参照核电设计图纸的原始数据设施进行修理。因此,核电文档信息在核电业务流程中发挥重要的作用,文档信息的流动支撑和推动着核电业务的发展。

第三,核电全寿期业务的核电文档嵌入机制。基于双周期交互理论的指导,核电文档管理需要被嵌入核电全寿期的业务管理过程,来实现双周期的交互与协调。核电业务系统和核电文档管理系统同步设计是保证核电文档管理模块嵌入核电业务管理过程的有效途径。核电文档管理嵌入业务管理有利于实时捕获并处置核电业务数据,保障核电文档生成与核电业务发展基本同步,实现核电文档的自动化、动态化生成。此外,将核电文档管理嵌入核电全寿期业务管理还能够对核电文档进行前端控制,在核电业务设计阶段就明确核电文档的分类组织,从而奠定后续核电文档管理的逻辑基础。

6.2.5　双周期交互的核电文档连续性管理的意义

双周期交互的核电文档连续性管理是符合文档管理的发展趋势和业务发展的实际需求的全新管理模式。

双周期交互的核电文档连续性管理具有实用意义。从文档管理视角来看,该模式能够实现对文档进行动态化的全程管理,避免了文档标准不统一、文档丢失、数据错误、随意窜改等传统文档管理中常见的问题,有效地提高了管理效率与管理质量,降低了管理成本。从业务管理视角来看,该模式能够满足业务管理的数据需求,不会出现以往数据依据丢失等管理问题,业务发展的效率也能得到相应的提升。

双周期交互的核电文档连续性管理具有创新意义。首先,该模式作为一种全新的文档管理模式,创新提出以业务为导向、双周期融合管理和以数据为核心的管理模式,是文档管理领域的又一创新成果。其次,以数据为核心的管理模式满足了数据驱动战略的基础需求,可以推动核电企业的信息化、创新性转型升级。

6.3　推进基于双周期交互的
核电文档一体化管理

6.3.1　加强核电文档一体化的组织管理

文档一体化是包括文件、档案生成一体化、管理一体化和利用一体化在内的,从现行文件到馆藏档案整个运动过程的全面控制和科学管理,其中贯穿着系统思维。文档一体化可以保证文件内容的完整性、元数据数据结构的一致性，以及从文件到档案的数据畅通、完整性。推进基于双周期交互的核电文档一体化管理，可以有效地提升核电文档的完整性、系统性、整体性与规范性，保障核电文档的数字连续性，形成高效、优质、完整记录业务流程、可为业务实践赋能的数据化文档管理模式。

（1）加强核电文档一体化的组织管理

为了实现文档一体化管理，首先需要建立相应的组织架构，设立相应的职务与职位，以服务核电一体化管理的实际需求。核电企业的组织架构可以从两个角度进行优化与管理，一是文书部门与档案部门的融合，二是文档部门与业务部门的交叉。前者主要是服务于文档一体化的目标，文档一体化需要对文件与档案进行一体化的全程管理，因此传统的双部门管理模式不再适用于一体化实践，应当根据实际需求将两个部门进行合并与优化，调整为适应文件生命周期全程管理的全新部门。后者则是为了适应双周期管理的需求，在文档部门与业务部门中设置交互性部门，加强两个部门的交流与联系，使得文档管理成果能够更好地为企业发展赋能。

（2）明确文档部门与业务部门的职责

核电文档一体化管理既离不开文档部门的实践，也不能忽视业务部门在管理过程中的重要地位。因此，为了实现高质量、高效率的核电文档一体化管理，需要明确文档部门与业务部门在实际管理中的职责。

首先，对于文档部门而言，文档一体化是核电文档管理实践中需要遵守的重要准则。从宏观角度来看，文档部门需要根据文档管理需求，制定统一的管理标准与管理方针，还需要建构合理的部门组织架构，培养专业人才队伍。而作为管理主体的文档管理人员,则需要树立正确的文档管理理念、具备系统的文档管理技能和成熟的文档管理能力,为文档管理实践提供充分的知识储备。同时,文档部门明确文档管理的最终目标是服务于业务的发展,积极与业务部门进行沟通,充分获取并理解业务部门的发展现状与实际需求,适时调整管理操作,以实现双周期交互下的文档一体化高效管理。

其次,业务部门也应当制作需求文档,向文档部门反映业务发展的各个环节中的数据与文档需求,保持两个部门的信息对等。此外,业务部门也应当将文档管理纳入部门的组织架构中,培养员工的文档管理与利用、数据管理与利用的相关意识与能力,以提高实际工作效率。

综上所述,两个部门应当明确双方的需求,积极沟通,组建专业人才队伍并培养其相关意识与能力,以实现双周期交互管理,并最终实现文档管理与业务实践的共同发展。

6.3.2　协调核电文档与核电业务数据的管理标准

(1)制定核电文档一体化标准

核电文档一体化标准是核电文档一体化的制度基础之一。文档一体化标准能够统一文件与档案的元数据标准、格式标准,使文件向档案的转变更便捷、更快速。核电文档一体化标准包括管理体系的标准,工作流程的标准,文档分类、格式与元数据的标准三个维度。宏观上,需要结合国家相关的政策法规、行业规范与实际需求,构建规范合法的文档一体化管理体系;中观上,需要以法规、政策为参考,融合双周期的各个环节,制定可操作的操作规范标准;微观上,在已有的文档、数据标准的基础上,参考相关的文档管理标准与元数据标准,结合双周期交互理论需求,制定统一的文档一体化标准。

(2)统一文档与数据管理标准

数据是文档的核心构成要素,为了实现数据和文档之间更好的转化,需要保证文档与数据的管理标准的统一。具体的管理标准包括管理操作规范、元数据标准和格式标准几大类。其中,操作规范从实践层面保障数据流与信息流的交互,例如数据生成文档的操作步骤严格规范了数据流导入信息流的标准。元数据标准则是对数据与文档外部属性的具体管理要求,例如,需要记录数据的修改人与修改时间,来规范后续生成文档的版本负责人。格式标准则是指数据管理格式与文档管理格式需要相互配合,文档应当囊括必要的信息项,并参考对应数据项的管理格式来设置文档格式模板。技术架构则是从技术层面保障数据流与信息流的交互,例如,管理数据的系统与管理文档的系统要有可操作的交互通道,技术标准要统一或可转换,等等。

6.3.3 将文档管理要求嵌入核电业务系统

(1)建立文档一体化管理平台

统一的管理平台是文档一体化的基础设施与实现手段。在双周期理论的支持下,文档的管理更多是通过对数据的管理和文档规范的管理来实现。文档一体化管理平台与传统的内容管理平台有所差异。传统的内容管理平台主要是对电子文档进行集中管理,缺乏数据管理视角,也很难实现多源异构数据的统一。而全新的文档一体化管理平台则以数据管理为基础,以数据为桥梁,串联起文档管理的全生命周期。文档一体化管理平台建立在双周期交互的基础上,具体来说,包含原始信息资源录入模块、数据获取模块、数据保管模块、数据处理模块、数据利用模块和存档模块等功能模块。在数据管理基础上,管理平台可以输出数据、数据可视化等处理成果和规范性的文档,为业务实践提供充足的数据参考。

(2)实现业务系统与文档管理系统的全面对接

双周期交互视角下的文档一体化管理强调业务导向的文档管理,而为了实现以业务需求为文档管理的核心导向,需要建立文档管理系统与业务管理系统的沟通桥梁。根据双周期理论的交互机理研究,可以发现文件生命周期与业务流程生命周期的交互发生在业务流程中的各个环节,因此,应该将文档管理纳入业务实践中,并在管理信息系统的搭建时,将文档管理功能模块纳入每一个业务子模块中。

6.4 实施基于双周期交互的核电文档全流程管控

6.4.1 核电文档创建

1. 文档创建工具

核电文档是核电业务的忠诚记录,核电文档的创建过程就是核电业务工作的过程。文档创建是每一份核电文档管理工作必经的形成活动。文档创建亦可称为文档生成、产生等,是指文档形成者在社会实践中根据业务工作的需要和特定的目的,借助于一定的工具生成电子文档的过程。创建文档的载体称之为文档创建工具。一般来说,核电文档的创建工具主要包括硬件工具和软件工具,两者并非厚此薄彼,一般相互配合使用。文档创建的硬件工具是指各种处理数字信息的电子设备,如电子计算机,数码录音设备,数码相机,数码影像设备,扫描仪,缩微胶片数模转换设备,录音、录像的数模转换设备等。文档创建的软件工具是指运行在电子设备上的各种软件,如文字处理软件,绘图软件,图像处理软件,图像识别软件,音、视频编辑软件等。不同类型的核电文档都可以借助以上工具在不同的技术环境中创建。

2. 文档创建途径

核电文档的创建途径主要是指文档的创建方式,根据核电文档产生的途径不同,可以将核电文档创建分为原生性创建和再生性创建。所谓原生性创建,是指直接在各种数字技术环境中以数字形态产生核电文档,包括通过图像、音视频设备直接对多媒体信息进行生产、接收、采集而生成电子文档。通过原生性创建产生的核电文档即原生性核电文档。如今,随着核电企业数字化变革的加深,以及各种电子设备的升级换代、信息技术的迅速发展、各种软件功能的日益强大,核电文档的创建也更加方便、快捷、丰富、多元。所谓再生性创建,是指经过扫描、拍摄、数模转换等数字化加工过程,对纸张、照片、缩微影像、模拟录音录像磁带等传统文件进行转换,生成新的核电文档。通过再生性创建产生的核电文档即再生性核电文档。再生性核电文档的创建过程一般可以概括为准备工作和转换处理两类工作。准备工作是数字化加工之前要做好的工作,包括对数字化的任务量和进度、设备和人员的投入做出安排并将原件准备好;转换处理包括文档信息的采集、处理、存储等一系列工作。

3.文档流转传送

核电文档工作是由多个文档管理环节组成的连续性系统,一般需要多个部门参与完成,核电文档的流转传送是核电文档发挥作用的关键环节,包括流传和传送两个过程。第一,文档流转。文档流转是指核电文档由形成机构内部多个部门、多个人员处理生效的过程,涉及不同节点的交叉与互动。从核电文档基于双周期交互的视角来看,文档流转涉及以文档为中心的文档流转和以业务为中心的文档流转。以文档为中心的流转核心就是创建和办理文档,文档在业务中扮演最终产品的角色;以业务为中心的流转核心就是通过文件的处理实现业务的目的,文档在业务中扮演着副产品的角色。第二,文档传送。文档传送是指文档从一个节点转移到另一个节点、一个部门到另一个部门、一个的环节到另一个环节的过程,这个过程的实现包括两种方式,即网络传送和介质传送。所谓网络传送,主要是指基于网络环境进行信息交换与共享,如专用网络、局域网络和内部网络等;介质传送主要是指一定物理介质的信息交换与共享,如移动硬盘、缩微胶片等。

6.4.2　核电文档收集

(1)文档数字化成果的接收

文档数字化成果接收是文档收集的重要方式。所谓文档数字化成果是指将纸质档案、照片档案、声像档案、文件资料等传统载体文档采用扫描仪、数码相机和计算机设备等数码设备进行数字加工,将其转化为存储在磁带、磁盘、光盘等载体上并能被计算机识别的数字图像或数字文本,主要包括了数字图像,档案目录数据,元数据,数字化工作中产生的工作文件、存储载体等。核电文档数字化成果的接收主要由核电文档部门根据国家和行业有关规定,制定文档数字化成果接收目录和标准,依法依规面向文档创建和暂存主体验收和收集核电文档的数字化成果。对于接收的文档数字化成果,文档管理部门要参照《档案数字化光盘标识规范》(DA/T 52—2014)、《录音录像档案数字化规范》(DA/T 62—2017)、《纸质档案数字化规范》(DA/T 31—2017)、《实物档案数字化规范》(DA/T 89—2022)、《电子档案移交接收操作规程》(DA/T 93—2022)等标准进行验收,验收合格的才能予以接收。目前我国不少地方都制定了文档数字化成果的接收标准或办法,如《河南省档案馆纸质档案数字化成果接收暂行办法》《甘肃省档案馆纸质档案数字化成果接收暂行办法》《甘肃省省直单位文书类档案电子目录及全文数据结构与交换格式(修订)》《浙江省档案馆纸质档案数字化成果接收暂行办法》等。核电企业可以参照国家有关规定和地方有关实践探索,制定核电企业文档数字化成果接收办法或指南。

(2)核电业务系统接口的集成采集

核电业务系统接口的集成采集是核电文档收集的另一种方式。与文档数字化成果接收不同的是,这种文档收集主要采集来自业务系统和文档系统的原生性电子文档。按照采集方式,可以划分为手动采集和自动采集;按照采集时间,可以分为定期采集和实时采集。从既有实践来看,这几种采集方式经常以组合的方式使用。无论是哪种采集方式,针对原生性核电文档的采集都是以接口的方式来实现,就其发展现状和趋势来看,主要是提前将文档采集的范围、对象、要求、标准、环境、需求等嵌入接口系统来实现文档采集,采集的内容包括电子文档本身和元数据。

6.4.3　核电文档管理

（1）基于双周期交互的文档分类与整理

基于双周期交互的文档分类与整理是支撑文档与业务实现双向互动的一项基础性工作。分类与整理是一项工作的两个环节，分类是整理的基础和前提。《信息与文献 文件管理 第1部分:通则》将分类定义为:"在文件管理中,依据分类体系中所规定的逻辑结构、方法和程序规则,按照类目对业务活动和/或文件进行的系统标识和整理。"该标准适用于各种载体形式的文件,同样也适用于基于双周期交互的文档分类与整理。核电文档分类主要建立在对核电业务活动进行分析的基础上,以此建立并维护机构内文档之间的有机关联,便于文档被更好地理解、管理和查找。

从核电文档分类的目的来看,文档分类并不仅仅是为了描述文件的内容或者便于检索,最重要的在于维护文档和形成文档的业务活动之间的关联,将文档置于其形成的业务活动背景之中,从而使得一组相关联的文档能够重现形成文档的相关事件的链条,由此更好地支撑和反哺业务。

从分类的实践操作来看,核电文档分类包括职能分类法、主题分类法、组织机构分类法等。但是随着数字时代的到来,职能分类法成为国际上公认的最能反映文档本质和最能满足文档管理要求的分类方法,这种方法同样适用于基于双周期交互的文档分类与整理。职能分类法根据文档形成和使用的业务背景而不是文档自身的内容主题或其他属性对文件进行分类,更加注重文档在动态的数字时代为机构当前的业务运转发挥价值。要实现基于双周期交互的文档分类与整理,必须要建立基于核电企业职能的文档分类方案,在参与人员方面,需要文档管理人员、分管领导、业务人员、信息技术人员等广泛参与、沟通和协助,据此了解核电企业与业务的目标和职责、业务运行的环境、具体的业务流程,识别形成文件的业务节点,了解核电企业内各个业务信息系统的主要功能以及文档在系统中的形成、使用和管理方式等。在方法层面,需要通过环境调查(一般指法律规范环境分析和组织结构环境分析)、业务活动分析,并在此基础上设置文档分类方案的类目等。核电文档整理则是在分类的基础上,对已经分类的文档按照档案的一般整理方式,使其呈现序化的状态。

(2)以支撑业务为导向的文档数据著录

以支撑业务为导向的文档数据著录是指根据核电业务特点和需求,对收集核电文档进行数据描述,便于通过这些数据理解核电文档的内容、背景、结构等信息,由此服务于核电业务对文档的利用需要。关于文档数据著录,2022年国家档案局发布了《档案著录规则》(DA/T 18—2022)、《档号编制规则》(DA/T 13—2022)两项国家标准,为以支撑业务为导向的文档数据著录提供了参照。尤其是《档案著录规则》(DA/T 18—2022),确立了档案多级著录模型和原则,明确了档案著录项目及其约束性、著录层级及著录主体,规定了各著录项目的著录要求。该标准几乎涵盖了能够描述档案的一些著录信息,不仅适用于一般档案馆(室)对各类档案的著录,而且适用于核电文档的数据著录,能够满足核电文档管理和利用的需要。

档案多级著录一般模型如图6.1所示。

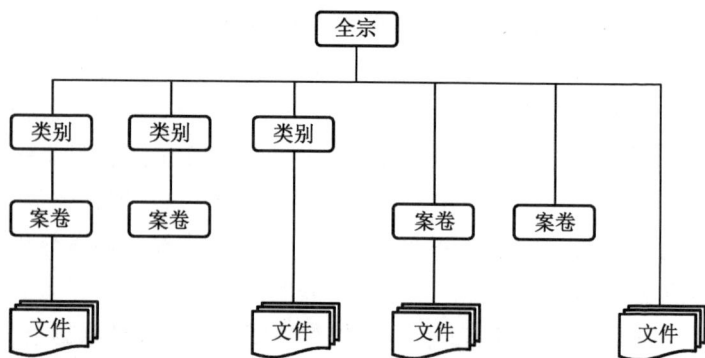

图 6.1　档案多级著录一般模型①

档案著录项目清单如表 6.1 所示。

表 6.1 档案著录项目清单②

	著录项目	约束性	著录层级	著录主体
标识	档案馆代码	必著	全宗级	档案馆
		选著	所有	档案馆
	著录层级	必著	文件级、案卷级、类别级	档案室,档案馆
	档号	必著	所有	档案室,档案馆
	题名	必著	所有	档案室,档案馆
	文件编号	有则必著	文件级	档案室
背景	日期	必著	所有	档案室,档案馆
	责任者	必著	所有	档案室,档案馆
	组织机构沿革/人物生平	选著	全宗级	档案室,档案馆
		必著	全宗级	档案室,档案馆
	档案保管沿革	选著	文件级、案卷级、类别级	档案室,档案馆

①②来源于《档案著录规则》(DA/T 18—2022)。

表 6.1（续 1）

著录项目		约束性	著录层级	著录主体
内容与结构	范围和提要	选著	所有	档案室,档案馆
	人名	选著	文件级,案卷级	档案室
	稿本	选著	文件级	档案室
	文种	选著	文件级	档案室
	附件	选著	文件级	档案室
	载体形态	有则必著	文件级	档案室
		选著	案卷级,类别级,全宗级	档案室,档案馆
	计算机文件大小	选著	文件级,案卷级	档案室,档案馆
	计算机文件格式	选著	文件级,案卷级	档案室,档案馆
	生成方式	选著	文件级,案卷级	档案室,档案馆
	整理情况	选著	类别级,全宗级	档案室,档案馆
	保管期限	必著	文件级,案卷级	档案室,档案馆
	销毁情况	有则必著	文件级,案卷级	档案室,档案馆

表 6.1（续 2）

著录项目		约束性	著录层级	著录主体
查阅与利用控制	密级	有则必著	文件级	档案室,档案馆
	公开属性	有则必著	文件级	档案室
	开放标识	必著	文件级,案卷级	档案室,档案馆
	语言或文字	选著	文件级	档案室
	主题词或关键词	选著	文件级	档案室
	分类号	选著	文件级,案卷级	档案室,档案馆
	缩微号	选著	所有	档案室,档案馆
	存储位置	选著	所有	档案室,档案馆
相关档案材料	原件存放位置	选著	所有	档案室,档案馆
	复制件存放位置	选著	所有	档案室,档案馆
	相关著录单元	选著	类别级,全宗级	档案室,档案馆
附注	附注	选著	所有	档案室,档案馆
著录控制	著录者	选著	所有	档案室,档案馆
	著录日期	选著	所有	档案室,档案馆

（3）文档数据封装

封装是指将电子文档及其元数据作为一个整体按照指定结构打包的过程。这个过程是在有关元数据规范的基础上进行的,其内容除了描述文档的基本信息外,还要描述文档原始软硬件环境参数、文档的背景信息、使用目的、数字签名等相关信息。封装信息包含未来可被解读的信息,它既能描述文档的格式,以及封装本身使用的格式,也能描述文档保存历史及其与其他文档的关联,还可以通过比对元数据描述与文档是否相符,来验证文档在封装时是否被修改。当前,国内外较为成熟的文档封装主要有三种。一是 VEO（victorian encapsulated object）,它是 1999 年澳大利亚电子文件战略项目 VERS（victorian electronic records strategy）提出的,VOE 的结构主要包括 VEO 元数据（主要是格式信息）、文件内容与元数据、数字签名块、锁定签名块等部分。这种封装方式不但封装了文档内容和元数据信息,还封装了认证元数据及数字签名的信息和方法,从而实现了数字对象自我访问控制和安全管理。二是 METS（metadata encoding and transmission standard）,它是国际领域使用最为广泛的电子文档元数据封装方法。一份 METS 文件应包括文件头、描述性元数据、管理性元数据、文件组、结构图、结构链接、行为机制。METS 能够封装多种电子文件类型,该封装方法采用 XML 作为封装包基本语法,可以使封装包独立于任何平台,并且长久保存下去。三是 XML,这是我国当前通用的一种文档封装方式,核电文档封装可以参照执行。2009 年,我国制定的档案行业标准《基于 XML 的电子文件封装规范》（DA/T 48—2009）,明确规定了基于 XML 的电子文件封装格式和要求,该标准适用于各级各类档案馆、机关、团体、企业事业单位和其他社会组织对文本文档和静态图像文档的文件级封装,将文档以"件"(可以是自然件,也可以是组合件)为单位组合在一起。电子文件封装 UML 结构模型如图 6.2 所示。地方层面为此也作了一些探索,譬如,《江西省档案馆基于 XML 的照片类电子档案封装规范》《江西省档案馆基于 XML 的文书类电子档案封装规范》《江西省档案馆基于 XML 的录音类电子档案封装规范》《江西省档案馆基于 XML 的录像类电子档案封装规范》等。需要注意的是,国家档案局于 2020 年制定的《党政机关电子公文归档规范》(GB/T 39362—2020)提出了一种相较于 DA/T 48—2009 更为轻量和简便的文档封装方式(图 6.3),也可以供核电文档参考。总的来看,结合双周期交互实践,核电文档封装重点可以结合文档管理与业务需要的双重考量,参照 DA/T 48—2009 和 GB/T 39362—2020执行。

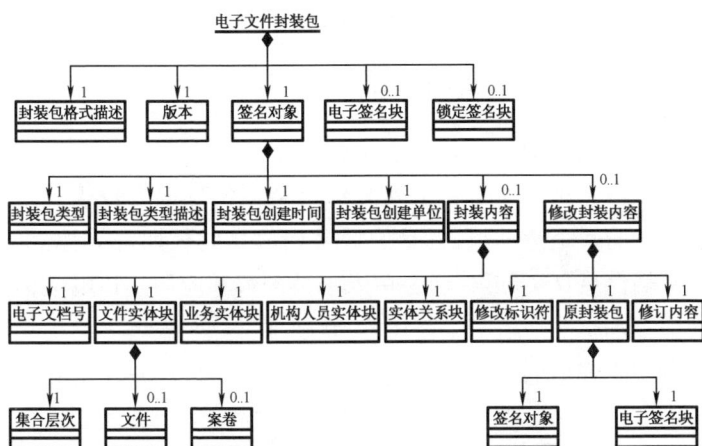

图 6.2 电子文件封装 UML 结构模型③

③ 来源于《基于 UML 的电子文件封装规范》(DA/T 48—2009)。

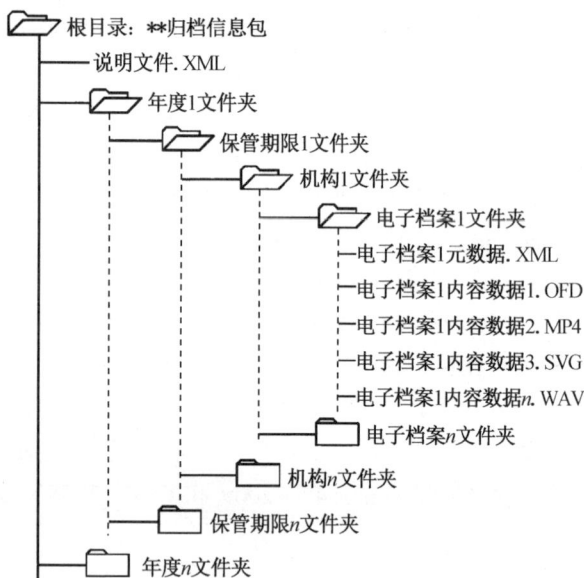

图6.3 归档信息包结构④

6.4.4 核电文档保存

（1）文档保存要求

核电文档保存是一系列对核电文档信息进行持续管理和维护的系统活动，目标是确保文档信息的长期有效性，保证文档信息真实可信，能够在未来被理解和应用。核电文档的保存本质上是随着保存环境、软硬件、标准、载体等的变化进行相应管理的活动。核电文档保存的核心任务在于确保核电文档的真实性、完整性、可用性和安全性。具体要求包括六个方面。一是维护核电文档载体的有效性。载体有效性是核电文档保存的最基本要求，需要对载体的物理特性、

---

④ 来源于《党政机关电子公文归档规范》（GB/T 39362—2020）。

技术规格、使用方法和保护措施等有详细的了解与掌握，以便于对其进行有效维护。二是保障核电文档信息的可用性。可用性是指核电文档能够通过现有的软硬件技术展示相关信息。三是保障核电文档信息的可理解性。可理解性是信息可用性的深化要求，具体指核电文档的信息能够按照其本身的意图被正确理解，这是确保核电文档信息反哺业务的关键。四是保障完整性的管理要求。核电文档保存应维护文档之间的有机关联，要求特定文档应与相关文档进行关联保存，并保存相应的元数据和保存记录。五是强化风险管理和容灾备份。文档保存过程中要系统开展风险识别、风险评估、风险应对等管理活动，使得核电文档保存过程中具备较强的风险防御能力。

（2）文档保存的主要内容

核电文档保存需要综合《电子档案移交与接收办法》与《电子文件归档与电子档案管理规范》（GB/T 18894—2016）的要求，保存内容主要包括逻辑信息的保存和与其对应的物理实体的保管。其中，逻辑信息保存的核心在于维护核电文档信息的真实性、完整性、可用性、安全性；物理实体保管的主要任务是对光盘、磁带等数字载体的管理与维护。

6.4.5　核电文档利用

（1）文档检索

核电文档的有效利用是文档全流程管理的最终目的，文档检索是文档利用的关键，通过编制检索工具、建立数据库等方法，可以让文档成为有序的信息集合，便于业务的随时调取。根据《档案工作基本术语》（DA/T 1—2000），"检索是存储和查找档案信息的过程"，这是对文档检索的宏观表达。《电子文件管理系统通用功能要求》（GB/T 29194—2012），则指出"检索是按照用户指定参数定位、利用和查看系统资源(包括类目、文件等实体及其元数据)的过程"。这个概念更加具有操作性。从总的来看,所谓文档检索,就是从核电文档及其管理系统中获取信息的过程。在日常文档检索工作中,常见的检索方法包括布尔逻辑检索、位置算符检索、字段限制检索和短语检索、加权检索、截词检索等。

(2)文档借阅与全时在线调用

文档是企业经营、发展痕迹的重要载体,文档借阅与全时在线调用是文档的一种高效利用方式。所谓文档借阅,主要是指文档利用者根据企业规章制度向文档管理部门申请查阅相关文档的过程,包括纸质文档借阅和电子文档借阅。核电企业需参照《档案法》《保密法》《数据安全法》《国家安全法》的有关规定,制定文档管理和借阅细则。所谓全时在线调用,主要是针对电子文档的全天候无差别调取和利用,包括原生性电子文档和数字化电子文档。这种文档利用方式需要借助核电企业文档管理系统或知识管理系统来实现,是双周期交互背景下未来文档利用的主要方式。企业内部人员可以通过与互联网相对隔离的内部网络,参考内部的文档信息,支持业务工作的开展,提升业务能力,提高业务效率。基于这种全时在线调用,核电文档可以通过核电企业的各类信息系统为权限范围内的各类用户所使用,包括形成文档的业务系统、专门管理文档的文档管理系统、决策支持系统、知识管理系统、内部门户等。核电文档不仅可以被相对独立地提供给用户,也可以和其他各类信息资源集成在一起被提供给使用者。

(3)文档数据化编研

文档数据化编研是数字时代档案编研的一种新方式和新方法,较之于实体档案编研,数字时代的文档数字编研形式更加灵活多样,在文档查找、整理、利用和传播等方面都有得天独厚的优势。作为档案利用的重要环节,编研工作也将更加灵活高效。数字技术作为一种辅助手段和效率提升工具,大大拓展了档案编研的广度与深度。一是可以制作专业化的知识地图,包括知识文档标题、简介等,点击标题,可直接打开文档阅读。二是制作文档专题目录,如现行文档目录、行业技术标准目录、资产目录、发明专利目录、产品目录等。三是辅助制作各种文件汇编,如核电企业现行管理制度汇编、产品用户文档汇编、行业标准汇编等,以满足文档管理及档案编研的需要。四是建立文档数据库、微服务或融媒体可视化文档产品。

档案数据化编研基本流程如图 6.4 所示。

传统档案编研与数据化编研的逻辑变化如表 6.2 所示。

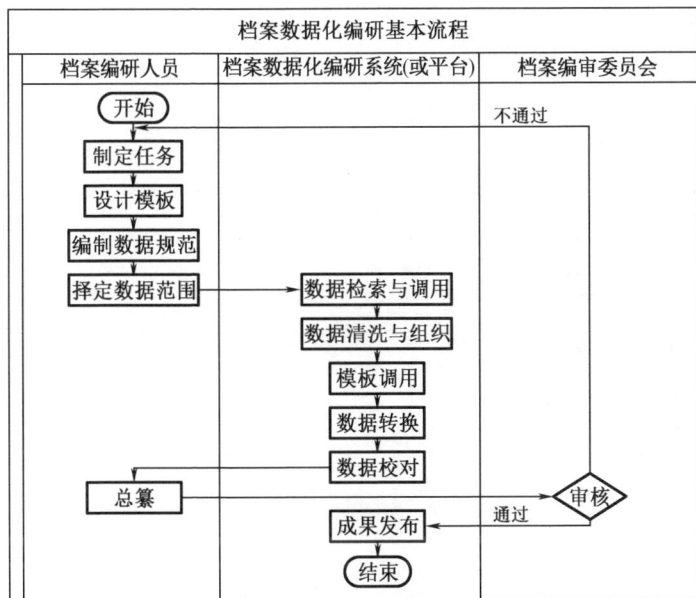

图 6.4 档案数据化编研基本流程[113]

表 6.2 传统档案编研与数据化编研的逻辑变化[113]

编研逻辑	选材范围	编辑方式	编研主体	编研管控	成果形式	成果形态	流通方式	利用方式	交互方式
档案传统编研	馆藏档案	人工编辑	编研人员	编审委员会管控	书籍、汇编等	完全固化定型	纸质产品传阅	阅读	线下读后反馈
档案数据化编研	馆藏数据化档案和业务归档数据等	人工参与的系统或平台编辑	编研人员与编研系统或平台	编研系统或平台管控，以及编审委员会管控	专题数据库、微系统、微服务、融媒体可视化产品等	实时迭代更新	数据产品服务	数据库、系统或数据产品操作	线上实时反馈

(4)建立以业务为导向的文档知识图谱和知识库

建立以业务为导向的文档知识图谱和知识库是核电企业文档开发利用的高级形式，是企业文档管理和核心技术管理纵深发展的结果，是一种提供档案利用的智能服务，是伴随着企业对资源认识的不断深化、智能技术的不断推广以及企业自身管理能力的不断提高而发展起来的。新的技术能够解析文档资源中的语义知识并可视化知识之间的关联关系，打破以往企业文档服务的粗粒度组织模式，实现以知识为导向的企业文档智能服务。

核电文档是核电企业生产、经营活动的真实历史记录，凝聚着企业管理、专业研究、业务状况等各方面的经验，包括文书文档、科学技术文档、人事文档、财务文档、产品文档等。知识图谱和知识库就是运用科学的方法对不同来源、不同层次、不同结构、不同内容的知识进行综合和集成，使单一知识、零散知识、新旧知识、显性知识和隐性知识，根据业务的需要，经过整合形成新的知识体系。以业务为导向的文档知识图谱是一种密切联系业务活动的文档知识关联地图，是结构化的语义知识库，用于迅速描述文档与业务活动中的概念及其相互关系，其主要通过对错综复杂的文档数据进行有效的加工、处理、整合，转化为简单、清晰的"实体、关系、实体"的三元组，最后聚合大量知识，从而实现知识的快速响应和推理(图6.5)。知识库不再是简单的文献存储数据库，而是深入文献内容的知识单元、知识关联等的集合，是从文献传递到知识服务的重要支撑。数字时代下档案等文化富集性资源需要进行知识服务的转型，来更好地胜任辅助决策的智库角色，其构建目标的实现需要以技术、管理和内容为重点支撑，这要求文档管理主体必须根据信息资源的知识属性特征，应用各种手段对其进行编研(图6.6)。针对核电文档构建知识库的实质是对核电文档知识进行管理，将"文档库"提升为"知识库"，可以将信息集聚地提升为知识集聚地，最终使文档的内容转变为一种知识资产，使企业的核心文档在收集、加工、存储、传递和应用的流转过程中不断增值。

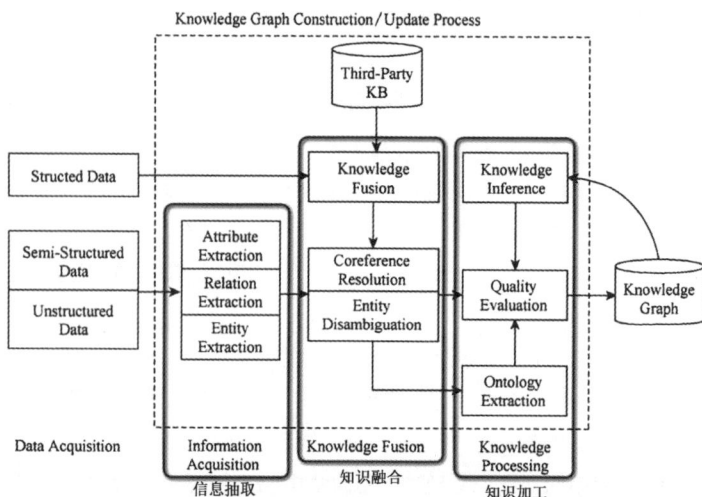

图 6.5　知识图谱的整体架构[114]

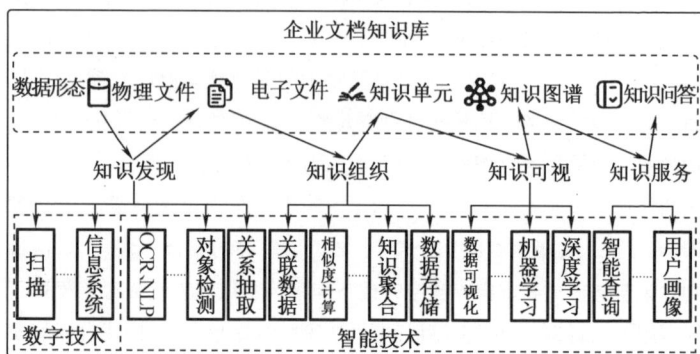

图 6.6　以知识库为核心的企业文档智能服务模式[115]

6.4.6　核电文档统计

(1)文档收管存用的实时统计

文档收管存用的统计是全面掌握和了解文档管理现状的有效手段,是对反映档案工作现象的大量统计数据进行综合分析,从中发现问题、说明问题,为科学管理档案提供依据。实时统计主要是指基于文档管理系统的文档收集、管理、保存、利用而统计,需要通过技术手段将实时统计要求嵌入文档管理系统,实现对文档收管存用的动态实时统计。这种实时统计的价值在于揭示文档和文档工作有关情况及发展规律,可以准确反映各文档管理部门和业务部门工作的真实状况,使文档管理计量化、精确化,对于提高文档管理水平有重要的作用,便于更好地了解和掌握档案事业规模和档案工作水平。与此同时,实时统计还能系统反映文档的数量、增长速度、馆藏档案的状况、文档利用频率等发展趋势,以及人力、财力的需求量,可以为制定文档工作方针、政策以及文档的科学管理提供依据。

(2)文档收管存用的可视化呈现

文档收管存用的可视化呈现是指利用信息技术和工具,将文档收管存用的统计情况等使用合理的可视化方式展现,帮助文档管理部门利用可视化来获得更多信息、可交流和全面的统计报告。其主要是利用图形、图像处理、计算机视觉以及用户界面,通过表达、建模以及对立体、表面、属性和动画的显示,清晰有效地传达与沟通信息,实现对数据的可视化解释。一般而言,企业文档收管存用的可视化呈现主要通过数字大屏的方式加以呈现,便于文档管理部门实施掌握文档情况。

6.4.7 核电文档销毁

(1)文档销毁的规定与要求

文档销毁是文档管理工作的重要环节,也是工作难度较大的一个环节。鉴于文档销毁的不可逆性,使很多档案工作人员及主管领导认为文档鉴定和销毁工作存在潜在风险,因此形成"有文必档""有档必存"的现象,导致档案鉴定和销毁工作无从开展。有些单位到期文档鉴定销毁工作长期止步不前,甚至多年未开展,一定程度上严重影响了企业档案工作质效和管理提升工作进程。关于文档销毁规定与要求,我国《档案法》第十五条规定:"鉴定档案保存价值的原则、保管期限的标准以及销毁档案的程序和办法,由国家档案行政管理部门制定。禁止擅自销毁档案。"《机关档案工作条例》规定:"对确无保存价值的档案,应当按规定予以销毁。"经鉴定可以销毁的档案,应当按照一定程序销毁。"机关应定期对已超过保管期限的档案进行鉴定","鉴定工作结束后,应提出工作报告,对确无保存价值的档案进行登记造册,经机关领导人批准后销毁"。《企业档案管理办法》在第二十二条档案鉴定部分对档案销毁提出了要求:"销毁档案必须严格掌握,慎重从事,销毁前要造具清册,提出销毁报告,经企业领导审批,并报送有关档案管理机关备案。销毁档案时要严格执行保密规定。"以上法规政策为核电文档销毁提供了法律依据,核电企业可以按照实际情况,据此制定自己的文档销毁管理办法。总的来看,文档销毁鉴定的依据有两个方面,一个是保管时限,一个是保存价值。时限是客观标准;档案的价值在不同历史时期有不同的体现,是主观和客观相结合的标准。因而文档价值鉴定的标准应具有多元性,具体问题具体分析,不能搞"大而统"。文档保管期限的制定也不能过于笼统、抽象,要制定符合本专业、本单位的各种类别的保管期限表,让文档工作人员有据可循。

(2)文档销毁的方法与策略

文档销毁的方法与策略包括三个方面。一是建立完善的文档评估机制。建立完善的文档鉴定的标准是确保文档鉴定销毁工作能够顺利进行的基础。核电企业内部的文档管理人员要对传统的文档管理标准和管理体系进行创新和完善,按照实际的保管期限对文档的资料进行鉴定和销毁,同时,根据企业的实际发展情况以及文档的实际应用价值进行鉴定和销毁。在开展档案鉴定销毁工作时,要充分了解企业内部各个部门的意见和建议,制定完善的档案鉴定管理体系,确保档案在鉴定过程中的有效性,避免因为人为失误而影响档案鉴定管理工作的开展。二是明确文档的鉴定方法和销毁流程。在进行文档鉴定销毁工作时,工作人员要根据文档的类型、内容以及标准采取合适的鉴定方法。如对于会计类型的文档资料,需要财务部门的人员参与到工作中,在确定所清理文档涉及的债务问题和债权问题得到处理之后,才能够按照相关的规范标准进行销毁。三是实施文档销毁工作。包括:①编制销毁清册。鉴定小组经过鉴定,对无保存价值的文档编制销毁清册,它是日后查找文档销毁情况的凭据。销毁清册的封面需设置全宗号、销毁文档的数量、鉴定小组负责人的签字及时间、批准人的签字及时间、两个监销人的签字及销毁时间等项目,清册中文档销毁登记表要设置序号、文件题名、所属年度、档号、应保管期限、已保管期限、文件页数、备注等栏目,准确揭示每一份销毁文件的内容和成分。②拟订鉴定报告,提出销毁意见。报告中对需销毁文档的数量及内容要有简要介绍,并提出销毁意见,陈述销毁原因。③分管负责人审批。④销毁,但对未批准销毁的档案,要继续保存。

6.5 开展基于双周期交互的核电文档风险治理

6.5.1 核电文档风险因素

(1)环境风险

核电文档的环境风险主要是指核电文档保存与管理过程中的基础设施设备出现故障的风险,外部文档不合规、不安全的风险以及其他不可抗力的风险。例如,突发停电对文档管理实时性的负面影响,外部文档携带的病毒侵害文档管理系统,地震等自然灾害对文档管理设施设备的破坏,以及长时间使用导致的设施老化、失效等风险,等等。

(2)数据风险

数据风险是指从业务记录中提取数据时,可能存在的数据错漏等内容性问题,数据填写、修改、增删不规范等操作性问题。数据风险会基于业务数据形成的文档信息不真实、不完整、可用性差方面,降低核电文档的质量。

(3)管理风险

管理风险是指管理标准、方针和组织架构等方面存在的潜在风险。

一方面,管理标准和方针可能存在滞后性,不能满足文档管理的最新需求,从而导致管理实践与需求之间存在矛盾;另一方面,文档管理的组织架构可能出现责权模糊、分工不明确等现象,影响文档管理的效率与质量。

(4)技术风险

技术风险是指在管理技术的使用过程中存在信息泄漏、管理失灵等风险。任何技术的使用都存在一定的风险。核电文档管理除了要满足一般文档的管理要求外,还强调对文档的保密性和安全性的保障。核电文档的技术风险与核电文档的保密性与安全性息息相关,对核电业务的运行质量有着较大的影响。

(5)实践风险

虽然核电文档管理实践中运用了大量的标准与技术,但归根结底,核电文档的管理还是由人主导的。因此核电管理的实践风险大都来自管理人员,包括管理人员管理意识不强、操作不规范等状况导致的风险。核电文档的实践风险可能破坏核电文档的真实性、完整性、可用性和安全性,降低核电文档的价值与使用价值,进而带来核电文档遗失、泄漏等不良后果。

6.5.2　核电文档风险监控

核电文档风险一旦出现,就会给核电文档管理乃至整个核电企业造成重大损失,因此,应当构建核电文档风险监控体系,加强对核电文档风险的监控。核电文档风险监控体系包括监控内容、监控方法和风险预警三个主要部分。

(1)风险监控内容

核电文档风险监控内容可以分为两大类,即对风险自身和风险管理活动的监控。前者主要跟踪已识别风险发展变化情况,包括核电文档在双周期过程中产生的风险因素以及可能导致的风险事故,主要实现对客观存在的事物的监控;后者的核心内容是根据第一类监控所得信息调整风险应对计划,同时对已发生的风险及产生的遗留风险和新增风险及时识别、分析,采取适当的应对措施,主要实现对人的活动进行监控。具体而言,主要监控以下内容:一是核电文档管理风险的发展。随着文档管理活动的继续以及相应风险应对措施的执行,各种影响文件管理的风险因素处于变化的过程中,需要在核电文档管理的全过程中进行实时监控,包括风险状态是否发生变化、是否可排除部分原有的风险因素和风险事故、可能出现的新风险因素和新风险事故是什么等。二是风险应对计划是否已经按计划执行并评估风险应对计划的执行效果,修正并制订新风险应对计划。三是在突发事件或紧急情况下,采取应急措施避免或者减轻风险事故的后果。对于突发事件,应优化风险管理流程,即时启动电子文档风险事故应急机制,力求使损失减到最小。

(2)风险监控方法

核电文档风险监控的方法主要有五种。一是审核检查法。这是比较传统的风险监控方法,它可以运用到风险监控的全过程,从风险监控规划计划开始,直至风险应对计划结束。这一方法主要在于审核风险监控中可能出现的错误、疏漏、不准确、相互矛盾、不一致之处,因为即便是经过充分论证过的方案,在实际运行中也会出现这样或那样意想不到的问题,如核电文档运转不符合业务人员常规操作习惯,用户权限设置没有根据人员调整进行更新等。二是监控会议检查法。通过定期召开核电文档风险管理监控会议,由文档管理部门工作人员和业务部门人员参加,并在会议上反映他们在使用电子文档过程中遇到的问题,这种方法有助于集中、全面反映问题。三是监控报告检查法。核电文档部门通过稳定的报告和信息反馈机制,了解到风险监控中存在的问题。四是风险数据库检查法。根据对核电文档风险的跟踪记录和问题反馈记录,把风险监控活动各阶段成果建成相应的数据库,如风险因素及事故识别列表、风险评估列表、风险应对计划列表。这些阶段性成果和信息环环相扣,上一阶段成果成为下一阶段工作的输入信息,上一阶段的信息是下一阶段决策和反映的依据,最终这些信息都进入风险监控系统,从而构成一个有效的风险管理闭环模式。每一次风险管理活动所得到数据均可进入该数据库,从而形成巨大的数据资源,为下一次的管理提供有效数据。五是第三方检查法。主要是委托相关专业机构,对风险监控活动进行全面分析,发现问题并予以改正。

(3)风险预警管理

核电文档风险预警是指对核电文档管理过程中有可能出现的风险采取超前或预先防范的管理方式,一旦在风险监控中发现有任何风险征兆,及时采取行动予以规避。从行动策略来看,风险预警管理需要建立预警工作机制,即根据风险监控内容和方法确定核电风险,并由此制定风险预警管理应对方案。这种应急方案应该包括对"平时"和"战时"两种状态的考虑,前者是对日常风险监控的风险预警和管理,后者是对突发事件的风险预警管理。

6.5.3　核电文档风险识别

(1)核电文档风险识别方法

核电文档数字化程度高、存量多增量大、来源广类型多、知识内容丰富、使用价值高,对其在双周期环境下的风险分析必须要做到全面、准确,因此需要用到多种方法。一是头脑风暴法。由核电管理层、核电文档管理部门和业务部门等基于工作经验和知识积累,直接提出常见的或者可能出现的风险,这是一种最具针对性的方法。二是德尔菲法。可以邀请有关专家匿名提出核电文档可能存在的各类风险,并不断重复这个过程以实现对其整理、统计、优化,直至风险因素被识别出来。三是制定风险核对表。根据过去核电文档管理、运行记录和风险出现的情况,通过列表的方式进行风险因素的显性化处理,并以此为参照进行核对。四是案例研究法。收集其他机构同类业务过程中的成功经验和失败教训,从中归纳出威胁电子文档质量和有损业务活动效率的因素。五是建立基于双周期交互的核电文档连续性管理工作分解结构图,逐层分解核电文档与业务结合的各项任务,逐个分析每项任务是否存在风险。六是 SWOT 分析法。S 代表优势(Strength)、W 代表劣势(Weakness)、O 代表机会(Opportunity)、T 代表威胁(Threats)。优势、劣势为内部要素,机会、威胁为外部要素。通过调查,将与研究对象相关的优劣势,外部机会和威胁等列举出来,再把各种因素相互匹配并进行系统分析,从而得出科学结论。

(2)双周期交互中的核电文档风险内容

在双周期交互环境下,核电文档所面临的风险包括基于文件生命周期面临的风险与业务流程生命周期的风险。前者的风险主要体现在文档的生产与运转过程中,后者的风险主要体现在保存和利用过程中。其导致风险的因素包括机构设置和管理制度等内部因素、法律法规、政策环境、技术环境等外部因素,还包括突发事件等社会因素。这些因素的交织给核电文档带来一系列风险,导致双周期交互过程中出现核电文档不真实、不准确、不完整、不可读、不可用、失密、不及时、不一致等情况,极易造成核电文档出现信息缺失、检索困难、文件损坏、版本多样、编号混乱、信息共享滞后、流程烦冗、操作历史不清等一系列风险情况,从而威胁到核电文档的真实性、可用性、安全性、完整性。总的来看,这些风险包括管理与制度风险、系统软件平台风险、文档管理系统风险、文档数据或信息风险、文档开发利用风险。

6.5.4 核电文档风险评估

(1)核电文档风险评估标准

风险评估是核电文档风险管控的根本依据和重要内容。在风险分析和识别的基础上,通过评估的方式判定风险大小,有助于实现核电文档连续性管理的目标。目前,我国尚未制定直接关于电子文件或核电文档的风险评估标准与制度,主要是由各个单位根据自身文档管理的需要自行制定。从既有文献和实践来看,尚且缺少关于文档风险评估的确定性标准。结合国内外实践与文档管理需求,当前可供参考的评估标准包括国际标准、外国标准、中国国家标准、中国行业标准(表6.3),核电企业可以据此制定适合本单位的核电文档风险评估标准。

表 6.3　国内外文档风险评估相关标准(部分)

标准类型	标准或法规名称
国际标准	信息技术安全评估标准
国际标准	信息技术安全评估通用标准
国际标准	信息安全国际标准
国际标准	信息与文献——电子办公环境中文件管理原则与功能要求
外国标准	澳大利亚:澳大利亚政府信息管理标准
外国标准	英国:英国信息安全管理标准
外国标准	澳大利亚、新西兰:澳大利亚、新西兰风险管理标准
中国国家标准	信息安全技术 信息安全风险评估方法
中国国家标准	信息安全技术 信息安全风险评估规范
中国国家标准	信息安全技术 信息安全风险评估实施指南
中国国家标准	计算机信息系统安全保护等级划分准则
中国国家标准	信息安全技术 关键信息基础设施安全保护要求
中国国家标准	信息安全技术 可信计算规范 可信平台控制模块
中国国家标准	信息安全技术 实体鉴别保障框架
中国国家标准	信息安全技术 信息安全管理体系审核指南
中国国家标准	信息安全技术 政务信息共享 数据安全技术要求
中国国家标准	信息安全技术 网络安全漏洞管理规范
中国国家标准	电子档案管理系统通用功能要求
中国国家标准	CAD电子文件光盘存储、归档与档案管理要求 第一部分:电子文件归档与档案管理
中国国家标准	电子文件归档与电子档案管理规范
中国国家标准	信息安全技术 电子文件密码应用指南
中国国家标准	信息与文献 文件管理 第1部分:通则

表 6.3(续 1)

标准类型	标准或法规名称
中国国家标准	信息与文献 文件管理过程 文件元数据 第 1 部分：原则
中国行业标准	产品数据管理(PDM)系统电子文件归档与电子档案管理规范
中国行业标准	档案数据存储用 LTO 磁带应用规范
中国行业标准	基于文档型非关系型数据库的档案数据存储规范
中国行业标准	录音录像类电子档案元数据方案
中国行业标准	录音录像档案数字化规范
中国行业标准	档案关系型数据库转换为 XML 文件的技术规范
中国行业标准	档案信息系统运行维护规范
中国行业标准	照片类电子档案元数据方案
中国行业标准	基于 XML 的电子文件封装规范
中国行业标准	版式电子文件长期保存格式需求
中国行业标准	文书类电子文件元数据方案

(2)核电文档风险评估方法

风险评估是加强核电文档安全保障体系建设和管理的关键环节。通过开展核电文档风险评估工作，可以发现核电文档管理中存在的主要问题和矛盾，找到解决诸多关键问题的办法。只有在正确、全面地理解风险后，才能在控制风险、减少风险、转移风险中做出正确的判断，决定调动多少资源、以什么代价、采取什么样的应对措施去化解、控制风险。选择科学的风险评估方法，常态化地开展评估，从风险管理角度，系统地分析核电文档基于双周期交互所面临的威胁及其存在的脆弱性，评估风险事件一旦发生可能造成的危害程度,提出有针对性的抵御威胁的防护对策和整改措施,可以有效地防范和降低关键业务信息系统的信息安全风险,将风险控制在可接受的范围内。核电文档风险评估是核电文档风险管理的一个必需环节,其通常不是一项独立的工作,需要围绕核电文档管理合规性和"四性"目标,并在信息收集的基础上进行评估,通常需要采用定性和定量相结合的方法,这是风险评估的一般方法论。从实践层面来看,核电文档风险评估主要有三种方法。一是问卷调查法。主要由评估主体根据评估目标和内容,对照评估标准和业务实践,设计面向核电文档管理人员及其相关人员的问卷,然后根据问卷反馈情况与风险评估指标的对比,由此达到评估目的。二是第三方评估法。主要由评估主体邀请外部机构专家或专业评估机构开展评估。三是模型评估法。主要由评估主体建立一套核电文档风险评估模型,主要包括确定评估标准、建立评估指标体系、借助评估工具(例如国家颁布的文档、信息、数据安全管理的标准或指南,基于专家系统的风险评估工具等)实现对核电文档的评估。

(3)双周期交互中的核电文档风险评估程序

我国《网络安全法》第十七条规定:"国家推进网络安全社会化服务体系建设,鼓励有关企业、机构开展网络安全认证、检测和风险评估等安全服务。"《国务院办公厅关于印发国家政务信息化项目建设管理办法的通知》(国办发〔2019〕57号)第二十五条规定:"国家政务信息化项目建成后半年内,项目建设单位应当按照国家有关规定申请审批部门组织验收,提交验收申请报告时应当一并附上项目建设总结、财务报告、审计报告、安全风险评估报告(包括涉密信息系统安全保密测评报告或者非涉密信息系统网络安全等级保护测评报告等）、密码应用安全性评估报告等材料。"这对核电文档风险评估工作提出了目标和要求。结合双周期交互的现实需要，参照《信息安全技术　信息安全风险管理指南》（GB/Z 24364—2009）、《信息安全技术　信息安全风险评估实施指南》（GB/T 31509—2015）、《信息技术　安全技术　信息安全风险管理》（GB/T 31722—2015）、《信息安全技术　信息安全风险处理实施指南》（GB/T 33132—2016）、《信息安全技术　信息安全风险评估方法》（GB/T 20984—2022）的相关内容，核电文档风险评估程序主要包括八个步骤。第一步是风险评估准备。包括确定核电文档风险评估的目标，核电文档风险评估的对象、范围和边界，组建评估团队，开展前期调研，确定评估依据，制定评估方案。第二步是风险识别。包括文档风险识别、系统风险识别、环境风险识别。第三步是风险分析。包括计算系统和文档安全事件发生的可能性、风险事件发生后对评估对象所造成的损失等。第四步是已有安全措施的确认。包括评估主体围绕档案安全管理所制定的相关制度、采取的举措等。第五步是风险评价。包括分析对国家、行业、法人、部门、组织等带来的风险。第六步是风险沟通与协商。包括围绕分析出风险后与业务部门、文档管理部门及相关主体进行沟通，并收集意见和建议。第七步是提出应对举措。包括根据不同等级的风险进行对策需求、应对建议描述。第八步是形成风险评估报告与结果。包括对整个评估过程和结果进行总结，详细说明评估的前七个步骤。

6.5.5　核电文档风险应对

（1）核电文档风险应对体系

核电文档风险应对是通过对各种风险因素的管理，规避核电文档管理过程中风险事故的发生,并及时采取措施规避风险后果发生或者减小其损失的过程。由于引发核电文档风险因素的不确定性,因此必须建立核电文档风险应对体系,这个体系涉及国家档案部门、文档形成部门、文档管理部门、文档主管领导、软件提供商等各个主体,涵盖文档管理的全流程和核电文档支撑核电业务的全流程。为此必须从不同层面考虑核电文档风险的应对问题。具体而言,包括三个层面:宏观层面、中观层面、微观层面。从宏观层面来看,要求国家档案部门加强顶层设计,制定核电文档或电子文档风险管理体系和服务体系,为核电文档管理提供政策和制度支持。从中观层面来看,要系统考虑基于双周期交互的核电文档连续性管理问题,亟须建立涵盖核电文档形成部门、文档管理部门、文档主管领导、软件提供商等各个主体在内的风险应对协同机制,寻求减轻风险、预防风险或转移风险的策略。从微观层面来看,主要是针对文档管理部门,重点围绕核电文档管理全流程的各个环节,建立针对各个环节的应对策略。

(2)基于双周期交互中的核电文档风险应对措施

从实践层面来看,基于双周期交互中的核电文档风险应对措施可以从核电文档管理所涉及的理念、系统、管理、制度、人员、资金等方面采取措施。

在理念层面上,在核电文档管理过程中,对文档风险管理的无知与漠视是最严重的风险。基于双周期交互中的核电文档风险应对必须在更大层面上取得核电企业的共识,要自上而下地加强面向企业全员的核电文档风险管理宣传。具体实现策略包括:将核电文档风险管理内容纳入核电企业风险治理计划,并通过文件公开与宣传,引起核电企业全员的重视；召开核电文档风险管理交流，宣传核电文档风险管理的知识和防范，助力核电文档风险管理融入核电企业日常管理。

在系统层面上，形成、管理、保存、利用核电文档的信息系统的安全是保证核电文档免遭风险的前提，在核电文档ECM 系统、核电文档单轨制管理系统等设计之中需要充分考虑信息技术所带来的风险，因此必须考虑计算机硬件、网络设备、应用软件、平台软件的配备。

在管理层面上，管理是指生成、流转、传输、保存核电文档的管理性工作。管理内容的优化和管理方法的改进，可以有效地防范和控制核电文档在双周期交互过程中面临的各种风险。具体实现策略包括：明确核电文档管理职责，建立与之对应的管理体制机制，如成立核电文档风险管理委员会；将核电文档风险管理纳入企业日常管理工作和员工职责；制定核电文档风险管理指南或手册。

在制度层面上，制度是要求双周期交互环境下所有与文档管理与利用工作的相关成员共同遵守的规章或准则的统称，包括法律、法规、标准、内部规定等多种形式。连续、有效、健全的制度是科学地应对核电文档风险的保障。只有通过科学的制度建设，约束核电文档管理和利用中的人为因素，方能调动各类人员应对风险的积极性，激发其创新的潜能。具体实现策略包括：汇编国家已经出台的相关法律、法规、标准等，供所有人员学习和参照执行；联合本行业各单位制定通用标准；制定适合本单位的相关制度，如风险应对预案。

在人员层面上，一方面，要建立明确的人员职责体系，明确与文档管理和利用相关的各类人员的职责与分工，包括主管领导、业务人员、文档管理人员、信息技术人员、文档形成者等;另一方面,要通过加强对文档管理人员和业务人员的管理、培训和教育工作,提高对核电文档风险管理的认识。

在资金层面上,资金是应对核电文档风险的基本物质保证。尽管它不是风险应对的充分条件,却是不可或缺的必要条件。尤其是系统开发、管理创新、制度建设以及人员培训等,都离不开资金的支持。为此,核电企业要根据文档风险管理目标和计划配置资金,确保风险管理计划的实施。与此同时,需要注意的是资金管理和其他风险应对手段应配合使用,发挥其事半功倍的效用。

6.6 加强基于双周期交互的核电文档"四性"保障

6.6.1 核电文档的真实性维护

核电文档真实性不仅能反映核电业务活动的真实面貌,而且是构成核电文档价值属性的前提,是确保核电档案具有行政有效性和法律凭证性的重要基础。核电文档的真实性维护包括对文档来源、文档元数据、文档内容、元数据与内容关联的真实性的维护。

(1)文档来源真实性检测

核电文档的数量多且来源非常复杂,既包含核电公司内部业务产生的文档,又包括外部承包商交付的各种文件。因此,从文档收集环节开始,就需要对文档来源的真实性进行检测,确保文档来源都是真实有效的,从而为后续的文档管理工作提供坚实的基础。文档来源的真实性可以通过检测归档电子文档中的固化信息是否有效来确定。此外,检测文档上是否存在可信的电子印章、水印或其他凭证也可以作为文档来源真实性检测的方法之一。

(2)文档元数据真实性检测

文档元数据管理是文档管理的重要组成内容,规范、真实的元数据可以提高文档分类与管理效率;相反,虚假、错误的元数据则会给文档管理带来负面影响。因此,核电文档管理应当对文档元数据的真实性进行检测。文档元数据真实性检测通常分为两个部分,一是检测元数据是否能够与现存文档管理标准相匹配,检测内容包括数据项、数据类型、数据长度、数据格式和取值范围等;二是检测元数据著录是否符合核电文档管理的实际需求,是否具有合理性,等等。

(3)文档内容真实性检测

文档内容是核电文档的核心价值所在,真实有效的文档内容才能发挥核电文档的存证和赋能的价值。因此,文档内容真实性检测是文档真实性检测中极为重要、不可或缺的环节,切实有效的文档内容真实性检测也能为后续的文档管理实践带来积极影响。文档内容真实性检测,一方面要将文档内容与业务数据进行交叉对比检测,确保文档内容与形成文档的数据保持一致,并非虚构;另一方面要将文档中包含的电子属性信息与元数据进行比对,确保文档内容与属性记录保持一致。

(4)元数据与内容关联真实性检测

元数据与内容关联真实性检测,是为了保证元数据确实描述了对应文档的外部属性与部分内容属性,而不是虚构的、不匹配的、甚至毫不相关的元数据,证明元数据与文档确实有关联,从而将两者统一管理。真实的元数据与内容关联可以帮助文档管理人员更快速、更准确地定位到文档位置,从而提高管理的效率。元数据与内容关联的真实性检测主要是检测电子文档元数据与内容数据是否关联,检测元数据中记录的文件存储位置与电子文档内容数据的实际存储位置是否一致。

6.6.2 核电文档的完整性维护

核电文档的完整性是核电文档能够发挥凭证价值和知识价值的重要保障。完整的核电文档能够全面记录核电业务信息,为后续核电业务实践的开展提供参考依据。核电文档完整性维护包括对文档数据总量、元数据完整性、内容完整性和信息包完整性的检测。

(1)文档数据总量检测

文档数据总量检测主要是为了检测实际归档的文件数量和字节数是否符合登记在册的文件数量与字节数。通过对文档数据总量的检测,可以确保产生的所有文件都被完整地归档,避免文件归档错漏、文档内容不全等问题的出现。

文档数据总量检测的方法主要是检测 GB/T 18894—2016 中表 A.1《电子文件归档登记表》中登记的电子文件数量和字节数与实际归档的电子文件数量和字节数是否相符。

(2)文档元数据完整性检测

文档元数据完整性检测主要是为了确保文档的元数据记录中包含所有所需的元数据项,以及各个元数据项没有缺失值。完整、清晰的元数据能够帮助管理者准确定位、清晰分类,并有效管理核电文档。

文档元数据完整性检测的方法主要是对照相关元数据

标准检查元数据项是否有缺漏、具有连续编号的元数据项是否存在缺号漏号的情况、各个元数据项的数据值是否存在缺漏等。此外，还要着重检查设置的元数据项是否全面地囊括了核电文档管理的实际需求，避免出现缺少重要数据项的情况。

（3）文档内容完整性检测

文档内容的完整与否极大地影响了文档实际价值的高低。完整的文档内容可以更全面地记录核电业务流程，并为后续的核电业务开展提供更加充分的数据支持。

文档内容完整性检测主要检测文档中各个信息项是否有对应的、完整清晰的信息内容，以及这些信息内容是否完整地反映了核电业务中需要被记录的数据。

（4）文档信息包完整性检测

文档信息包是核电文件归档的集成信息包，完整的信息包应该满足核电文档信息包的组织标准，并囊括了核电企业要求归档的所有文件内容。完整的信息包可以保障最终档案的完整性，便于核电企业档案留存工作的开展。

文档信息包的完整性主要是对照归档信息包的组织方式以及单位的归档范围，逐项检测信息包的内容数据和元数据是否齐全完整。

6.6.3 核电文档的可用性维护

核电文档的可用性是核电文档存在和具有保存价值的基础，如果核电文档不能便捷使用，它便会失去存在的实际意义。因此，保障核电文档的可用性是挖掘核电文档业务赋能价值的重要前置环节。核电文档可用性维护包括对文档内容与元数据可用性的检测和文档库开放性的检测。

（1）文档内容与元数据的可用性检测

文档内容与元数据的可用性直接影响了核电文档的开发与利用工作。只有在核电文档和文档元数据都具备可用性的前提下，核电文档才能在业务流程中被重用，从而为核电业务发展赋能。核电文档内容的可用性检测主要是检测文档信息是否可以被正常打开和浏览，内容格式是否符合归档要求；而文档元数据的可用性检测则主要关注文档的元数据是否可以被打开、浏览和机器识别。

（2）文档库的开放性检测

文档库的开放性检测是将核电文档投入实际运用的基础，具体包括对文档内容开放性的检测和对开放能力的检测。文档内容的开放性检测需要对文档库中各个文档的保密级别和敏感级别进行检测，从而对文档的开放性进行评级，基于评级为不同文档设置不同的开放范围；文档库开放能力的检测则是通过系统测试，确保文档库能够精确地向对应的开放群体发放准确的内容。

6.6.4　核电文档的安全性维护

核电文档的安全性包括存储的安全性和保密性，它是真实性、完整性和可用性的基础，是维护核电文档的效用、价值及其法律效力的保障。核电文档安全性维护包括进行核电文档的异地异质备份和构建文档系统的技术防范体系。

（1）文档异地异质备份

核电文档对核电业务流程中发挥着极为重要的作用，由于存储不当造成核电文档的遗失会对核电企业造成不可估量的伤害。因此，为了保障核电文档存储安全性，防止核电文档遗失，需要对核电文档同时进行多地点、多介质的存储，以备不时之需。例如,可以将同一份文件的不同备份同时以数字化形式存储在固态硬盘和数据库中。

(2)文档系统的技术防范体系构建

核电行业的特殊性对核电文档的安全性提出了更高的要求。核电文档泄漏不仅会给核电企业造成损失,还可能给国家安全带来负面影响。因此,为了保障核电文档不外泄,需要利用技术手段来提升文档系统的安全性。在文档管理的全过程中设置技术检验手段,例如,加强核电文档的病毒检测、核电文档管理环节的安全验证等等。

6.7 小　　结

本章构建了基于双周期交互的核电文档连续性管理模式,提出应该通过推进基于双周期交互的核电文档一体化管理、实施基于双周期交互的核电文档全流程管控、开展基于双周期交互的核电文档风险治理、加强基于双周期交互的核电文档"四性"保障,以破解当前核电文档管理中遇到的问题。

7 实践维(Practice):基于双周期交互的核电文档双向实践平台

7.1 基于双周期交互的核电文档双向实践框架

电子文档的单轨制管理框架模型(图7.1)是从文件生命周期为出发点,向外层层扩散的结构。模型的正中心为文件生命周期,本书将文件生命周期分为文档形成、数据捕获、信息流转、归档、移交与接收、数据保存和反馈利用这七个阶段。向外的第二层从管理的视角出发,将管理阶段划分为前端控制、中端管控、后端管理和前端反馈四个阶段,且前端反馈既是终点,也构成了新的起点,并使文档管理再次进入前端控制阶段,形成一个闭环,文档数据在这个闭环中不断流转。而最外端则是支撑条件,包括顶层规划、标准规范、技术支撑和质量管控四个大的部分。

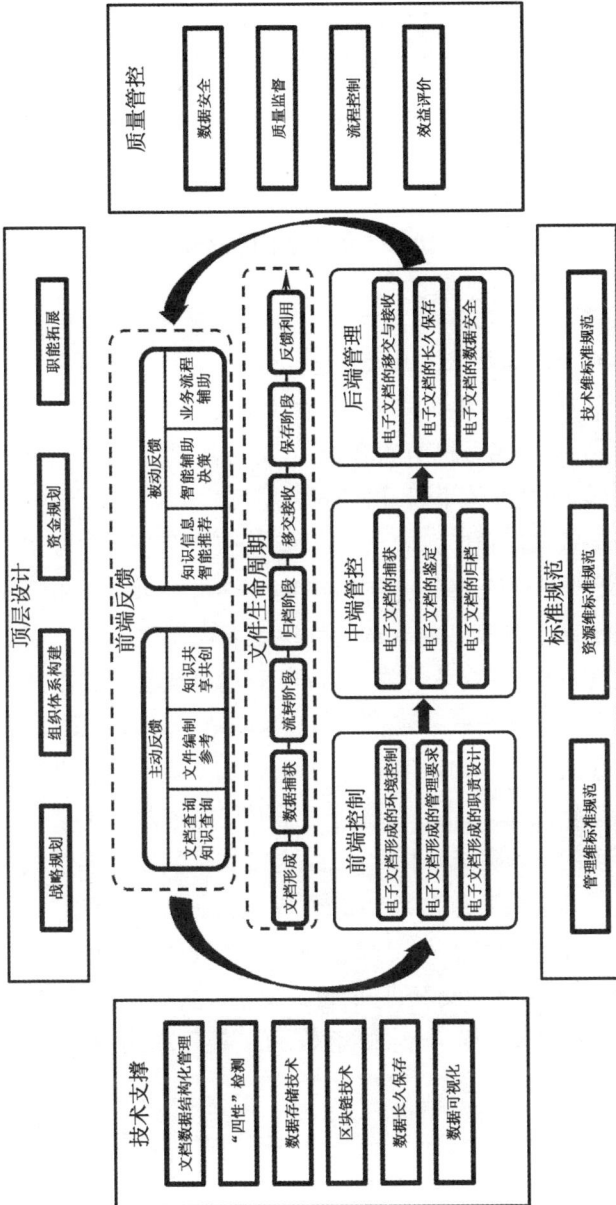

图7.1　电子文档单轨制管理框架模型

7.2 双周期交互下核电文档
双向实践的价值

7.2.1 电子文档成为支撑核电企业生产经营的
资产要素

核电企业作为技术密集型企业,在生产、经营的过程中会产生大量凝结智慧的文档资料,数量庞大,文档类型众多。据调研得知,平均每台机组约有 15 万份文件/图纸/档案,文档类型众多,包括系统手册、出厂报告、日志、维修记录等等,并且涉及的领域深且广,涉及机械、电气、仪控、核化工、辐射等技术,又涉及人力、财务、供应链管理等多个领域。核电企业文档数量庞大且复杂深入的特性决定着电子文档包含了大量关键性资料,是企业的核心资产,而在单轨制模式下才能够最有可能实现全业务流程的信息采集进而建立数据库,实现知识集成以及对知识的深度挖掘,进而实现数据驱动业务的发展战略变革。因此双周期交互下核电企业电子文档单轨制管理的知识集成目标之一,是电子文档从成为推动核电企业的工具层面上升为资产要素,成为企业的核心资产和战略资源,借助数据模型引导要素向效率更高的生产环节集聚,实现和业务数据的交互,进而推进要素配置效率提升,提高综合利用效率,提升企业竞争力,甚至重构企业生态圈[116]。

7.2.2 电子文档成为支撑核电企业建设发展的运行要素

我国核电企业作为扮演着推动国家经济和能源发展使命的重大角色,要进一步发展建设,需要在顺应时代发展的大方向下,推动企业变革和业务变革。当前,数字化转型和5G时代的到来是时代的大背景,核电企业电子文档单轨制管理能够在企业的数字化变革和应对5G时代到来的企业发展建设上,提供强大的动力和抓手。核电企业的电子文档单轨制能够通过对每一个业务环节上所产生的文档的数字化,实现业务流程的可视化,实现企业内容资产的可视化。与此同时,能够根据设备的数据信息,第一时间为相关工作人员提供设备的相关资料,实现设备实时监测与在线检修,再结合大数据、人工智能技术,对关键设备的实时数据进行采集,以实现核电设备与设备之间、核电厂与核电厂之间的信息互通、网络互连。因此核电企业的电子文档是帮助核电企业实现数字化转型,进一步融入未来5G万物互联,提高核电企业广泛智能互联的水平,助力核电企业变革发展战略的关键。

7.2.3 电子文档成为服务核电企业提质增效的知识要素

知识要素主要指的是电子文档中知识价值的发现和利用。电子文档单轨制管理,能够建立一个统一化、标准化的基础平台,让所有数据汇集在这个平台之上,并能够通过统一的、标准化的接口对外提供信息,提高信息内外部的流转效率;能够结合人工智能和大数据等相关技术,参照人类生产经营活动的客观规律,借助一定的智能体,模拟人类的思维方式,例如通过信息整合、判断、联想、推理,从而做出最优判断等行为;能够结合计算机在大规模数据处理方面的优势,利用各种先进的分析挖掘工具,进行各个专业领域或角度的知识挖掘和发现,进而实现智能方案推荐、智慧问答、智能预警等智慧化方案。这区别与传统的纸质文档,让电子文档成为企业生产经营过程中重要的知识要素,真正将电子文档中的数据资源用活,将数据转化为知识,将知识反作用于生产经营,实现为业务的提质增效、为生产经营活动赋能的目标。

7.2.4 电子文档成为服务核电企业品牌建设的文化要素

文化要素主要指的是电子文档资源中文化价值的开发利用。例如企业发展沿革的主题文化展览、企业产品发展变革展览、文创产品展览等。电子文档中包含了企业大量的文化知识,且由于电子文档能够包含影音图像等多种格式的资料信息,因此能够在文化专题编研上有多个维度的展现方式。除此之外,还能够实现"实物+虚拟"的双重展现方式。在企业的品牌建设方面,通过多维度的文化专题编研,对企业的发展历史、企业文化、企业产品、服务方式等进行全方位的展示。结合企业的文化特色、重大事件和重大时间点,挖掘电子文档中的文化信息,通过影音视频、图像资料、虚拟技术等多种数字化方式展现企业文化,打造企业品牌,体现企业精神风貌。

7.3 双周期交互下核电文档双向实践的挑战

7.3.1 观念挑战:对核电文档双向实践认识不深入

在认识方面,经调研发现,核电企业普遍对电子文档单轨制管理未有充分的理解认识,主要表现为两个方面。其一,对电子文档资源的价值认识不足。电子文档记录着核电企业各项业务活动的过程、经验和知识,记录着核电企业的成长过程,蕴含着丰富的核电企业的智慧。而在实际情况中,核电企业缺乏专门的知识管理人员、制度,也缺乏统一的知识服务平台,对电子文档资源价值认识不够,投入不足。其二,文档管理的意识未做到与时俱进。受传统档案管理思路的局限,一些先进的电子文档管理技术未能成熟应用到文档管理具体工作中,且对电子文档的数据和相关管理技术仅仅停留在工具层面,而未能够上升到企业生产要素,乃至成为企业的核心资产和战略资源这一层面,甚至还有电子文档单轨制建设仅仅是将纸质文件转化为电子文档即可的观念。

而事实上,随着数字化、智能化的普及与快速发展,核电数字化转型已是发展的必然,电子文档的单轨制发展也正是顺应了核电企业的数字化转型,用数字驱动核电企业的文档管理事业,更加深入地挖掘和使用文档中的信息,并借用大数据和人工智能技术为业务赋能,推进要素配置效率的提升,提高综合利用效率,提升企业竞争力。

7.3.2 管理挑战:核电文档双向实践缺乏规划统筹

电子文档单轨制管理是电子档案信息资源建设的基石。也是核电企业未来数字档案馆存在和发挥作用的基石,核电企业要真正做好电子文档的单轨制管理,无疑需要全面且完整的规划统筹去指导一系列工作的展开。但是,目前核电企业普遍没有设立专门的部门以建立全面的统筹规划管理,没有明确各部门在核电文档单轨制管理上的职责,缺乏统筹规划文档单轨制的管理制度和标准、统一的文档管理模式、标准化的业务流程和能够实现企业之间资源互通和共享的文档管理系统等一系列工作,也缺乏系统性和针对性兼具的核电文档单轨制管理制度。在核电企业生产活动的管理过程中,建设、设计、施工和监理单位对其需要在工程档案管理工作中履行的职责不够清晰,没有把档案管理职责纳入领导的议事日程及业务关键岗位,整体的电子文档单轨制管理都缺乏规划统筹,亟须做出调整。

7.3.3 系统挑战:内容管理平台难以支撑双向实践

目前核电企业在文档管理方面主要应用行业统一的EAM、ECM 系统,这两个系统中的电子文档主要以 word 文档或者 PDF 文档的格式进行保存,没有结构性数据,这样就无法形成结构性数据库,不利于后期对数据价值的深度挖掘,不利于文档资源的深度开发,无法充分发挥大数据和人工智能技术对庞大的文件资料进行高效的整理分类和数据价值的深度挖掘，也无法为工作人员提供便捷的信息查询服务、智能方案推荐、设备预警等。EAM、ECM系统还有相当一部分数据以代码形式进行储存，而这种方式具有不安全性，因为权限高的人可能会存在对数据的修改或替换，致使归档之后档案的真实性难以得到保障，无法实现电子文档的"四性"管理目标。

7.3.4　服务挑战：核电文档支撑业务路径有待优化

电子文档的单轨制管理能够支撑核电业务路径的优化，为业务赋能，具体可以从以下维度体现。其一，电子文档单轨制有利于推进核电企业的数字化转型。核电厂的运营管理主要是以核电站工艺系统和设备为主线的资产管理，因此在管理过程中会产生大量有关设备维护和关键技术等的文件资料，而电子文档的单轨制能够利用数字化手段，结合大数据和人工智能技术对庞大的文件资料进行高效的整理分类和数据价值的深度挖掘，为工作人员提供便捷的信息查询服务、智能方案推荐、设备预警等，推动数据的价值作用从工具层面上升为生产要素，成为企业的核心资产和战略资源。其二，电子文档单轨制有利于核电企业优化业务流程、提升工作效率。在文档生成阶段，电子文档能够对核电站的建设和维护等活动进行真实、全面、完整且规范的记录，避免了纸质文件的错记、漏记或重复记录；在归档环节，电子文档系统能够直接实现文件的直接归档，提高了文件的管理效率；在业务过程中，能够实现业务人员、电站运维人员随时随地的对接和协同，不受时间和空间的限制。在文件的管理和利用方面，能够实现对核电企业庞大的文档数据的多维度展现，适应不同用户习惯对电子文档的分类管理、多维度检索。而目前核电企业基本处于电子文档和纸质文档共存的双轨制管理,且电子文档管理的程度较低,信息及知识利用效率较为初级,远不能反哺核电业务为业务赋能,因此核电企业亟须进一步强化核电文档单轨制管理。

7.4 双周期交互下核电文档双向实践的循环模式呈现

7.4.1 核电文档双向实践的愿景

核电文档双向实践的最终愿景是实现知识集成和知识服务。知识集成是指将分散的知识元素依据一定的逻辑规则有机地结合在一起,使知识有序化、层次化,从而高效地利用信息资源,有利于知识创新[117]。知识集成理论最先应用于企业的知识管理方面,由 Grant 正式提出,他认为知识集成是"企业的第一角色,以及企业能力的本质"[118]。Krogh 等认为知识集成是一种企业能保持动态创新能力、以最小成本开发新产品、实现规模经济等的潜在战略过程[119]。从个人角度讲,知识集成是一种综合个人所拥有的信息以创造新知识的能力[120]。知识集成是一种成员之间通过交互、释义和集体学习进行协商、获取、精练最终共享结果的社会构建过程[121]。知识集成可以使企业对其内部知识重新整理,摒弃无用的知识,并将企业中员工和组织的知识有机地融合起来,使之具有较强的柔性、条理性和系统性,必要时需对原有知识体系进行重构,并以此形成企业的新的核心知识体系[122]。

综上所述,本书所提的知识集成,是将相关的组织内外部分散的、不同来源或不同层次的知识,通过科学合理的方式进行集成、整合,并产生新的知识,从而进一步提高信息资源的利用效率的过程。知识集成绝不仅仅是简单地将知识汇总到一起,而是强调新的知识的发现,并以提升知识的利用效率为最终目的。在电子文档的单轨制管理和利用的过程中,需要以知识集成的视角看待问题,将分散在各个电子文档中的知识内容利用合理、有效的方式进行知识的集成、整合,并创造新的知识。在这一过程中,面向知识集成的电子文档单轨制管理也有不同的层次:从个人的角度,应实现个人层次的数字化知识集成;从企业的角度,应为企业的业务服务,为企业的发展战略服务。且知识集成具有动态性,根据单轨制文档的管理过程、用户的需求或其他外部环境的动态变化而不断发生改变。

7.4.2 面向核电文档线的数据集成

(1)双周期交互下的核电企业电子文档载体集成

双周期交互的交互要素包括内部交互要素、外部交互要素和交互工具要素三个部分。其中交互工具要素即管理信息系统,它通过系统中的电子文档数据建立双周期交互桥梁。核电企业的文档数据具有数量庞大、内容深入等特点。纸质文件的储存具有成本高昂、文件储存格式单一、不便于查询利用和管理等弊端;而电子文档以单轨制的方式是仅以数字化方式进行储存,是数字化的虚拟文件,不仅可以实现多种文件格式和庞大数据量的储存、高效查询与利用,而且双周期交互视角下的管理信息系统会建立业务管理信息系统和文档管理信息系统相统一的信息化平台,打通不同的业务体系间的壁垒,避免重复建设,实现共享,实现文件载体的集成,进而实现核电企业电子文档的全过程管理。

(2)双周期交互下的核电企业电子文档资源集成

传统的企业管理模式中,业务管理的信息系统和文档管理的信息系统是两个相对独立的系统,这会导致信息不对称和重复建设的问题。双周期交互下的信息系统通过统一的信息化平台,实现业务数据的流通,实现信息和数据共享,并将分散的非结构化数据转化为结构化的数据,形成结构化数据库,再利用大数据、人工智能技术进一步挖掘数据中的知识,将分散的知识元素有机结合起来以实现知识集成,通过知识图谱以及相关智能化应用,如智慧问答、流程可视化、智能方案推荐等,结合业务的情况和特性将知识反作用于业务,为业务赋能。

(3)双周期交互下的核电企业电子文档管理集成

在基于双周期交互的单轨制的文件管理流程上,利用统一的信息化平台,可以实现工程项目电子文档、生产技术文件、文书文件和综合管理文件等的在线编辑、移交、检查、接收、归档和利用,打通设计系统、生产管理系统、建造系统、运维系统等业务流程系统之间的文件传递渠道,在各部门的文档信息对接的过程中能够实现规范化的填写和随时随地的协同,保持各部门之间的信息对称,且在企业对外的业务对接方面,也更能够实现信息的高速流通。如此可便于企业内部的部门间、企业与企业间的信息流转,既能够提高信息共享效率,也能够提高文档管理的效率。

(4)双周期交互的核电企业电子文档系统集成

在核电企业的内部的文档系统方面,随着 EAM、ECM、

OA 等系统的使用、普及,核电企业的信息系统正在走向统一。但是目前仍存在诸多相互独立的信息系统,很多企业的业务管理信息系统和文档管理信息系统仍然是完全相互独立的两套系统,系统间难免有诸多重复建设的内容,而重复的数据内容之间的数据无法共享。而在双周期的视角下,业务和文档数据间的联系密不可分,相关工作者需要利用文档中的信息数据推动业务的发展,也需要利用信息技术实现知识的高效检索和智能方案的推荐,因此核电企业亟须建立基于双周期交互的电子文档系统,打破各部门、各业务系统之间的壁垒,实现信息和数据的共享,搭建双周期交互的桥梁。

7.4.3 面向核电业务线的知识服务

（1）主动型服务

主动型服务是指基于用户主动性需求下的服务,具体是指根据需求帮助用户从海量的数据中筛选和过滤出用户所需要的文档信息,也包括用户主动地利用系统来实现知识的共创共享。例如电子文档的查询服务,即根据用户在系统中输入的自然语句转化为系统可以识别的查询语句,在文档管理系统中进行查询,并且也能够将相近的文档或相关信息一并检索出来呈现给用户。文件编制参考服务和查询服务类似,也是根据用户的需求,将过往的案例呈现出来,为用户提供参考方案。而知识的共享共创,则是用户主动利用平台去搭建一个知识分享的环境,例如知识社区的构建,实现企业知识的有序化,在知识经济时代,利用知识社区,助力企业业务发展。还例如智能问答服务,智能问答系统能够将核电企业电子文档中分散各处的信息进行有序科学的整理,并建立知识的分类模型,针对核电企业的基本情况和常见问题,整理为规范的答题库形式,以支撑各种形式的智能问答。

(2)被动型服务

被动型服务是指信息管理平台分析用户的需求,主动地向用户提供相关信息或知识,例如智能信息推荐、智能辅助决策和业务流程辅助等功能。智能信息推荐,就是在用户查询信息的过程中推送与其查询的内容相关的信息,提前一步帮助用户把其可能需要的信息展现出来,帮助用户梳理其查询思路,提高查询效率。智能辅助决策和业务流程辅助即帮助用户做业务上的判断和响应解决过程的帮助。例如在核电设备出现故障需要检修的时候,可以根据物联系统所反馈的设备各项数据,与信息管理系统中正常设备应该呈现的数据做比对,找到设备的问题所在,并给出响应的解决方案、解决步骤、所需的物资清单等信息。被动型服务不仅可以对当前问题的相关信息进行可视化展示,还可以融合企业其他业务领域的信息,便于用户搜索时的连贯性,多维展示各类信息,提供智慧化的信息利用方案,为企业的业务人员提供切实的业务帮助。

(3)业务型服务

业务型服务即实现以业务为导向的电子文档知识组织,建立支撑业务流程的电子文档数据库。实现以业务为导向的电子文档知识组织在企业的业务发展方面有十分重要的现实意义,可以根据核电企业的实际生产经营场景整理出具体的业务需求,并对所需要的知识要求进行整理,对文档的"多应用"类型进行探究,通过揭示文档资源与内容实现细粒度聚合,以客观方式呈现文献资源的网络结构,并以可视化方式展示聚合结果,最终实现面向用户需求的知识服务。而建立支撑业务流程的电子文档数据库,能够在业务流程的优化和工作效率提升方面,有诸多作用。例如,利用电子文档的规范性、便于记录性对生产活动进行真实全面的记录,避免纸质文档的错记漏记,随时为用户提供信息查询服务和企业文档的多维度展现,在业务流程过程中能够实现业务人员随时随地的对接和协同,不受时间和空间的限制等,真正做到助力核电企业的生产经营活动,为业务赋能。

(4)数据型服务

数据型服务则是要高效利用核电企业的相关数据,完成操作性数据向决策性数据的转变,为管理决策提供支持。核电企业在生产经营活动中和企业的发展过程中会积累大量的数据,例如设备运行类数据、工程建设类数据、设备维修类数据、财务数据、人力资源数据、行政管理数据等多方面的数据。这些数据无不反映着核电企业各个业务维度的特性,有效地利用此类数据,能够为核电企业的生产经营、管理和未来发展提供强有力的支撑,帮助核电企业的管理者、决策者避免过去的经验之谈,用实际的业务数据说话,对业务成果进行量化分析,避免靠直觉做出草率的决定,为核电企业的战略决策提供数据支撑,助力企业发展。

7.5 双周期交互下核电文档双向实践的策略及其路径

7.5.1 加强核电文档前端控制

(1)电子文档单轨制的管理环境控制

对于核电企业电子文档单轨制管理的环境控制,可从以下三方面着手。第一,建立文档集中管理的部门机构。企业内部需设立一个集文件、档案、信息管理职能于一体的部门,统一负责企业的电子文档、档案和信息化建设,以打破文件、档案和公司各个信息系统、信息技术之间的壁垒,从组织上保障前端控制。第二,提高全员文档管理意识。核电企业的业务涵盖了设计、建造、调试、运行等不同阶段,每个阶段均会产生大量的电子文档,可从每个阶段的质量保证大纲和公司的管理大纲上着手,明确全体员工的电子文档管理职责,明确文件内容格式、移交方式、保管期限等信息,甚至可以纳入全员的通用约束性考核指标中。第三,提升文档管理队伍的素质。文档管理的前端控制情况和管理队伍的综合素质是密不可分的,对于综合素质的加强,可从两个方面着手。一是加强电子文档管理的相关知识技能培训。不仅要学习文档管理、信息系统的规划建设维护等方面的知识,还要加强核电业务知识的培训,如此才能将业务管理和文档管理相结合,使文档管理与业务管理相适应。二是适当引入相关人才。引入信息化技术人才到档案管理岗位上,积极参加国家电子文件试点项目和公司档案信息化科研工作,培养复合型档案人才队伍。

(2)电子文档单轨制的技术环境控制

对于核电企业电子文档单轨制管理的技术环境控制,可从以下三方面着手。第一,在信息系统的设计上,建立一个集文件的生成、流转、归档、储存和利用于一体的全流程的文档管理系统,实现文件和档案的一体化管理;打通企业内各个系统之间的壁垒,实现数据的共享,并将业务元素融入文档管理的过程,将业务流程、技术文件、商务合同、电子公文、记录报告等多项业务流程和数据融入系统,实现文档流、业务流和信息流的融合。第二，在元数据采集阶段，设立清晰、明确且统一的元数据取值规则，建立业务系统与文档管理系统元数据映射对应关系，实现不同的业务系统能够自动与文档管理系统中的信息关联，让业务人员和档案管理人员都能够在一个系统中完成文件的查询、利用等工作，也能够为用户提供一键式图形化文档知识服务。第三，在电子文档的监督上，编制电子文档"四性"检测技术方案。真实性、完整性、可靠性、可用性是电子文档管理的目标，也是保证文件在归档后具有参考价值、保存价值的重要手段。因此，预先在前端控制阶段，通过合理的技术手段设置电子文档的"四性"检测的控制点，对"四性"情况进行实时反馈和控制，是文档前端控制质量的保证。

7.5.2　重视核电文档中端管控

核电文档中端管控主要包括捕获、鉴定、归档三个环节。

（1）电子文档的捕获

电子文档捕获，简单来说就是电子文档管理系统获取到电子文档信息的过程。在核电领域，电子文档的捕获就是信息化平台获取到企业在生产经营活动中所产生的或者接收到的数据信息的过程，并且在捕获的过程中，需要保证以下几点。其一，电子文档的内容必须完整。这里所说的完整性，包括电子文档格式的规范、内容的准确和背景的完整。这三者是构成一个完整的文档必备的三要素，这三者的完整才能够使得文档实现其保存价值和传播、利用价值。其二，对于系统捕获完成后的电子文档只有被授权的特定用户才能够进行修改、编辑或删除等操作，且操作记录应在系统日志中被记录下来，以保证文档的安全性。其三，电子文档管理系统应在获取的过程中建立分类目录,将文档进行合理的分类和规制,便于后续的流转、利用和保存。

电子文档捕获的对象是指在企业生产经营活动中所产生的或者接收到的内外部的数据资料。其范围较广,不仅包括电子文档,也包括音频、视频、图片等多元异构数据,其范围大于电子文档归档的范围。可以说,电子文档归档的范围是基于电子文档捕获的范围的。

具体来说,电子文档捕获对象可以分为三种类型。其一,单一文件。单一文件指的是结构最为简单的文件,例如核电企业中的一份电子公文、一段设备维修视频、一段商务谈判的录音等。其二,组合文件。这里是指由多个在内容上相互关联的文件共同组成的一份文件,称为组合文件。例如由企业颁布的某项规定的正文和其相关附件,共同组成的一份组合文件;核电设备的维修工单和维修耗材记录表共同组成的一份维修工单文件;或者是关于某项经费的请示和领导批复。其三,复合文件。复合文件包括了多分组合文件,这些组合文件中彼此有着较强的联系。例如核电企业的工会活动材料中,既包括活动方案、活动预算等内容,又包括往期相关活动的视频、图片材料以及员工调研问卷等多项内容。

电子文档的捕获流程分为以下几个步骤。第一,需要对电子文档和其元数据进行捕获;第二,需要将电子文档和其元数据进行关联、封装,元数据往往来源于电子文档内部,当然也存在部分元数据信息需要从外部捕获的情况;第三,需要对内容进行查验,主要检查文档形成的合规性、格式的正确性、内容的准确性和背景信息的完整性等;第四,需要对信息进行登记,电子信息管理系统需要给该电子文档赋予一个唯一标识并对其内容进行简要摘录,目的是便于后期的检索、利用;第五,需要组织分类,将文件存放于对应的分类下,以便于日后的检索和利用;第六,以合理安全的方式进行保存。在整个流程中,档案保存工作完成后,需要对文档的状态、变化、去向等全过程进行跟踪记录。

电子文档的捕获方式分为两种,即手动捕获和自动捕获。在单轨制管理模式下,电子文档以自动捕获为主,即系统完成新的电子文档的生成或者外部文档的接收后,自动开始按照文档的捕获流程进行推进。当然也存在部分需要手动捕获的方式,如散落各处的电子文档信息,图片、音频、视频信息,或者是过去以纸质方式存放的文档需要重新进行数字化,并上传到电子信息系统中。与该电子文档所关联的元数据同样有自动著录和手动著录两种方式。大部分元数据都可以通过系统自动识别内容并著录,少部分难以从系统内部精确捕获的元数据,是需要手动著录的。

(2)电子文档的鉴定

鉴定原则主要包括五点。其一是完整性原则。即作为一份在电子信息系统中的文档,应当是完整的,其内容和背景信息都应当是完整的,正文、附件等信息应当齐全,内容上没有遗漏,因此在鉴定的过程中应保证电子文档数据没有被窜改,是真实原始的数据,以此保证其作为凭证的效力。其二是安全性原则。在鉴定的过程中,若有任何操作,需要建立电子文档副本,在副本上进行操作,以保证源文件的安全性,并且整个鉴定过程也应该在安全可靠的环境中进行。其三是可靠性原则。即在鉴定过程中使用的鉴定方法要可靠,能够真实反映电子文档的实际情况并做出合理的判断。其四是可追溯原则。即鉴定的过程是有全程的跟踪记录的,鉴定的责任人划分明确,后期可以追溯鉴定情况,便于在鉴定出现问题时能够追踪溯源,找到问题所在并及时改正。其五是及时性原则。即鉴定工作应在文档捕获完成后及时开展,以保证整个前端管控环节的及时性。

电子文档的内容鉴定是指要根据一定的方法,对电子文档的内容进行现实价值判断和内容价值判断,以确定其是否属于归档范围和保管期限[123]。电子文档中包含了大量的信息知识,而对于其中的信息知识是否具有后期的保存和利用价值,仍需要结合核电企业的生产经营活动的实际需要、核电企业的整体战略规划和企业内部的规章制度,与此同时,也需要结合当代社会的现实情况、法律法规、社会历史文化等多方面的因素共同考虑,再做出该电子文档是否有保存价值、是否属于归档范围的判断。关于保存期限,则是基于上一步对其内容价值做出判断之后,对不同价值的文件做出不同保管期限的设定,同时也需要依据国家法律法规、行业法律法规来做出保管期限的设定。例如我国国家档案局规定,企业管理性档案的保存期限分为 10 年、30 年和永久性保存三个档次。因此核电企业再设定电子文档的保管期限的时候,就应该根据内容的重要程度,判断该电子文档应属于哪一个保管期限的档次。除了要做出保管期限的判断外,还需要编制保管期限表,对需要进行保管的文件的相关信息进行登记,主要包括文件名、类别、保管期限、处置类型等内容。

技术鉴定是指除了需要对文件内容价值进行判断并做出其保管期限判断外,还需要对文件是否可以利用的情况进行鉴定。其主要内容包括以下两个方面:第一,需要对文档内容信息进行检查,确定其可用性。具体是指检查电子文档的格式是否按照规定来执行,元数据的著录是否完整,背景信息是否完整,电子文档的数字签名有无问题,以及其链接是否有效,或其他相关要素是否有效,储存介质是否携带病毒,等等。第二,需要分析影响电子文档是否可用的相关技术因素,并做出预案。具体是指,分析诸如系统版本更新、数据库迁移等工作是否会影响到电子文档的可用性,并提前做出预案,例如建立合理完善的备份机制,提前规划好迁移的方案,保证不影响档案数据的真实性、完整性等。

(3)电子文档的归档

电子文档归档的原则主要有两点。一是文档价值决定原则。电子文档是否具有保存价值是其作为档案进行归档的重要判断标准,而它的价值则应结合核电企业的生产经营活动的实际需要、核电企业的整体战略规划和企业内部的规章制度,与此同时,也要结合当代社会的现实情况、法律法规、社会历史文化以及文档信息的完整性等多方面的因素共同决定。二是完整性原则。在传统的纸质文档的保存原则中,可存可不存的文档便没有归档,且强调保存具有结论性内容的文档,对文档产生的过程性文件、支撑性文件也没有保存;而电子文档因其具有储存的高密度性,相较纸质文档,更为便利,储存量更大,也更易于长期保存。因此,对于可存可不存的文档,为了保证其全面性,相关的过程性文件或支撑性文件,如耗材登记表、文档信息的目录等文件,还包括早期的核电企业的项目申请、审批材料、合同文件、资质证明等材料,都可以进行归档储存。

电子文档归档的范围应当尽量完整,既要包括文档在形成的各个阶段的内容和元数据,如草拟稿、正式稿或者是早期版本、终版、更新版本等各个阶段的内容,同时也要包括在文件形成、流转等过程中所积累的元数据,这些元数据也是电子文档的组成部分,也应当被纳入归档范围。除了上述归档范围外,电子文档的归档还应包括如下两点。第一,归档登记表。《电子文件归档与电子档案管理规范》(GB/T 18894—2016)规定:"电子文件形成或办理部门、档案部门可在归档过程中基于业务系统、电子档案管理系统完成电子文件及其元数据的清点、鉴定、登记、填写电子文件归档登记表等主要归档程序。""应依据清点、鉴定结果,按批次或归档年度填写电子文件归档登记表,完成电子文件归档。"第二,电子文档归档的相关支持软件。即储存电子文档的同时,也应将支持该类电子文档储存归档的相关软件一并储存。

电子文档的单套制归档方式可以从两方面来阐述,一方面是从归档的储存方的角度,一方面是从储存方式的角度。从储存方的角度,电子文档可以储存在业务部门,也可以储存在档案部门,且以储存在档案部门的方式为主。但是当档案文件和业务关联比较紧密,或是对原始的系统依赖度较高时,也可以根据实际情况,将电子文档直接归档到业务部门或原始系统上,档案部门可以调用其数据对档案进行查阅和管理,也可以指导和监督业务部门的档案管理工作。从储存方式的角度,电子文档单套制归档方式则可以分为在线归档和离线归档。在线归档的方式指的是需要归档的电子文档资料通过网络传输到档案管理部门,或者是传输到一个中间服务器上,档案部门的系统可以连接对应的服务器并对其中的数据进行调阅,在这种方式下,文档数据通常会在多个不同服务器之间发生传输转换。而离线归档则是通过线下的物理载体进行转移,通过线下物理载体归档至档案管理部门。在核电企业中,这种情况常发生在工程建设部门,建设部门将相关建设图纸资料移交至档案管理部门;除此之外,也常发生在涉密部门,涉密部门的涉密收发文资料或商业机密资料,通常采用离线归档的方式。

"四性"检测即对电子文档的真实性、完整性、可靠性、可用性的检测,是电子文档管理的目标,也是保证文件在归档后的参考价值、保存价值的重要手段。因此在电子归档阶段对文件进行"四性"检测必不可少。在电子文档的归档阶段,真实性检测要求包括:①文档内容的真实性,即文档所记载的内容要属实,没有虚假编造,没有错误记录;②文档元数据的真实性,即元数据信息真实可靠,且元数据符合《文书类电子文件元数据方案》(DA/T 46—2009)的要求;③文档内容和元数据连接的真实性,即文档内容和元数据信息的关联真实且正确;④文档来源的真实性,即通过检测电子文档中的相关验证信息,来确认文档来源的真实性。完整性检测要求包括:①文档内容的完整性,即文档所记载的内容要全面且完整,没有漏记误记;②元数据的完整性,即元数据信息完整,例如记载了重要信息的元数据项,有没有包括关键信息的形成过程和修改过程信息,且元数据要符合《文书类电子文件元数据方案》(DA/T 46—2009)的要求;③文件数据总量的完整性,即文件归档登记表上的文档数据总量,以及内存大小等信息要和实际数据相等,以保证文件数据总量的完整性。可靠性检测要求包括:①文档内没有病毒,不含一些恶意的代码;②文档的储存技术符合《电子文件归档光盘技术要求和应用规范》(DA/T 38—2008)的要求,总体处于安全可控的状态。可用性检测要求包括:①内容的可用性,即内容可以被正常访问和正常浏览,信息可以被正常提取使用;②元数据的可用性,即元数据信息可以被正常访问和调用,没有异常或缺失;③软硬件环境的正常,即不论是软件系统还是相关存储的硬件系统,其整体环境都处于正常的工作状态,不会影响文档内容和元数据的访问和调用。

电子文档"四性"检测的方法包括人工检测的方法和自动化检测的方法。人工检测的方法就是按照上述要求,制定规范的检测标准制度,由相关检测的工作人员来对文档进行查阅和判断,以确保文档的真实性、完整性、可靠性、可用性。而自动化检测的方法就是通过计算机技术,结合上述"四性"检测要求,开发出相应的检测工具,根据检测主体和保管环境的变化,结合公司的实际情况和需求,来配置检测项,实现高效且灵活的"四性"检测。

7.5.3 强化核电文档后端管理

核电文档后端管理主要包括移交与接收、保存、处置三个环节。

(1)电子文档的移交与接收

电子文档移交的要求主要有:①时间要求:在我国一般要求企业在文档形成后的 5 年内向对应档案馆移交相关文件,且在移交至档案馆后,企业也应当对已移交的文档保存至少 5 年。②内容要求:电子文档的内容应准确无误、完整全面,这样才能够保证其保存价值,因此电子文档的内容应合法合规、格式规范、完整全面、背景信息完整,同时也要保证元数据信息的完整正确以及和文档内容的连接的真实完整。③技术要求:电子文档的移交要保证其内容可读可用,如果是特殊格式的文件,应与其读取软硬件一同移交,加密的文件应该在解密后移交或者提供准确无误的解密方式一同移交,同时也要保证移交资料的安全,内部没有病毒或者恶意代码。④载体要求:对特殊存储方式的文件,要和对应的载体一同移交,并保证载体的正常运转可以对内容进行正常读取。

电子文档接收的要求主要有:①在平台建设方面,档案接收部门应当建立健全完善的电子文档接收平台,以完成电子文档的接收、储存、检验、利用、转移等工作。②在内容检测方面,档案接收部门应当对接收的文档进行"四性"检测,以确保文件在接收后的保存价值和利用价值。③在时间方面,档案接收部门应当对接收的文档资料保存至少5年,并根据文档内容的价值、重要性再次确定其保存期限。④在标准规范方面,档案接收部门应当依据《电子文件归档光盘技术要求和应用规范》(DA/T 38—2008)和《磁性载体档案管理与保护规范》(DA/T 15—1995)两项规范,以及结合企业、当地的实际情况对接收到的文档资料进行合理的管理。

(2)电子文档的保存

电子文档及其信息保存的要求主要有:①保证信息的完整性。电子文档的完整性是其具备保存价值、可利用价值的前提条件,是电子文档保存的核心任务,不仅要保证文档的内容信息完整,还要保证文档的关联信息完整,关联的链接、元数据信息完整且可以被正常读取,相关支撑材料、背景信息等信息均是完整的状态。②保证文档的可用性。可用性是在电子文档信息完整的基础之上所提出的要求,即在保证了信息的完整性之后,还要保证各项信息均是可用的、可被读取的。例如电子文档的相关内容的跳转链接,是可以被正常访问的,相关元数据信息可以被系统正常访问、读取和利用,一些特殊格式的文件,例如视频、音频、图纸等文档可以被正常访问查阅,并以人们所习惯和接受的方式进行查阅。③保证文档的安全性。在企业发展的过程中,往往会伴随文档信息储存位置的迁移、系统的升级、相关信息技术的升级等,在这个过程中,容易发生文档信息的丢失或是过往的文件储存格式和技术与新的软硬件不匹配、不兼容等问题,因此在文档储存的最初就应当将此类问题纳入考虑的范围,以便以迁移、常用的文件格式的方式进行储存,并完成数据备份的工作。在长期保存文档的过程中,保证信息数据不被更改也是一项十分重要的工作,因此需要强化文件加密技术,在文件形成阶段就可以采用数字签名或数字水印等技术,在文件的保存阶段可采用如 VPN 加密、IP 加密等加密方式。④保证物理载体的有效性。不论是单轨制还是双轨制,文档信息都必然有储存的物理载体。单轨制下的物理载体往往是服务器、硬盘或光盘等,因此要熟知这些物理载体的特性、规格、参数、使用方法和寿命,保证其正常运转,并在寿期临近的阶段完成升级或迁移工作。

电子文档及其信息保存面临的挑战主要有两方面。其一是内部信息储存的挑战。电子文档相较于传统的纸质文档,有易改性、对技术的依赖性,以及内容信息更新换代速度快的特征。易改性是指文档内容以及相关信息容易被相关人员进行编辑、窜改、替换甚至是盗取,容易做到没有任何痕迹且不易被察觉。对技术的依赖性是指电子文档依赖于相关软件系统,一旦技术的环境、储存方式、组织方式发生变化,就会在很大程度上影响文档内容信息。内容信息更新换代速度较快是指在信息化时代,无论是信息技术还是文档内容,相较过去,都在以数倍于以往的速度在发展,高频的信息技术变革和信息爆炸是时代的主要特征,因此内容信息的更新换代速度也十分迅速。其二是外部文档储存的挑战。电子文档储存的外部挑战主要指的是组织机构的变化、经济环境的变化、软硬件设备的变化和不可抗力带来的变化。组织机构变化主要指的是企业的倒闭、停业或是并购、成立子公司等组织机构上的变化，与此同时，也会带来电子文档管理业务线上经济扶持力度的变化。软硬件设备的变化则是指软件系统的升级或是硬件设备升级、到达寿期等，导致文档信息需要迁移和备份。而不可抗力则是包括台风、海啸、地震、火山爆发等自然灾害或是战争、恐怖袭击等人为灾害所导致的电子文档载体的破坏。

电子文档及其信息保存的方法主要有：①更新与备份。更新与备份的方法是电子文档保存最常用的方法。更新就是随着信息技术的发展，软硬件设备也在不断发展变化，且硬件设备有自己的寿期，因此根据实际情况的需要，对电子文档保存所依赖的硬件设备或者软件、系统进行更新。而备份的方法就是将文档信息及其相关资料复制一份到新的载体上，并保持其内容信息的完整性和可用性。这一方法可以避免单一保存位置的破坏而导致的文档信息的丢失或损坏。但是备份的位置越多，其多处数据的管理问题也会更为突出。②迁移。迁移的方法只涉及对电子文档的信息进行储存介质的更换，而对文档信息的内容没有任何的更改或破坏，尽可能地保证文档信息的完整性。实际上，迁移并不只在电子文档的保存阶段，在文档的形成、流转、归档和利用的各个环节都会涉及。在保存阶段，往往是为了跟上信息技术的发展和硬件设备的升级而进行迁移，这是迁移的优点，但是其缺点就是容易在迁移的过程中造成文件数据的丢失。③仿真。仿真就是在新的系统环境下，构建出一个与旧的环境类似的环境，让原始数据能够在新的系统环境下正常被访问和读取。仿真技术一般分为硬件环境仿真、系统环境仿真和应用程序仿真。在仿真技术下，只对电子文档所在的环境进行仿真,对其内容信息和相关联信息并不做任何改动。④封装。我国在电子文件封装方面有明确的行业标准,即《基于 XML 的电子文件封装规范》(DA/T 48—2009),它利用 XML 语言将电子文件与元数据封装在一个数据包内,以最大限度地保证文件与元数据的完整性以及关联性。该标准适用于各级企事业单位、机关、档案馆和其他社会组织。

电子文档的载体主要分为磁性载体和光学载体两大类。磁性载体包括磁盘和磁带,磁盘又分为硬盘和移动磁盘,磁带则包括录音磁带、盒式磁带等;光学载体包括 CD、DVD 和磁光盘,每一种载体各有其保管的要点。

磁性载体是目前存储电子文档数据使用最为频繁的载体,磁性载体的保存对电子文档载体的保存至关重要,其要求主要有以下几点。第一,温湿度的控制。湿度过高会导致载体腐坏,湿度过低则会吸附灰尘导致读取错误。第二,避免暴晒。暴晒会导致载体温度过高,且紫外线会导致载体发生氧化反应及载体老化。第三,避免震动。强烈的震动会导致载体出现磨损和内部零件的移位,导致信息的丢失。第四,避免受其他较强磁场的影响。外部较强磁场的靠近可能会导致磁性载体消磁或磁化,破坏其记录的信息。第五,磁带类的载体还需要防止复印效应,避免磁带缠绕。

光学载体的保存有部分内容与磁性载体一致,例如避免强光直射、保持适宜的温湿度、避免灰尘等。但是光学载体也有自己独有的保存要求,如避免表面有划痕,划痕会破坏光盘表面的保护层并直接影响到记录信息内容的坑点,以致信息内容无法正确读取。除此之外,也要尽量减少光盘读取的次数,因为光盘的读取采用高能量的激光进行读取,一张光盘能够被读取的次数是有限的,长时间高频次的读取会缩短其寿期。

(3)电子文档的处置

电子文档的处置有两种方式：长期保存和销毁。电子文档的长期保存工作的核心是要保证电子文档的真实性、完整性、可靠性、可用性，这是文档具备长期保存价值和利用价值的前提和基础。电子文档的内容本质上只是一堆二进制的字节以不同的方式进行组合排列，并按照人们所熟悉和接受的方式进行表达和展现，因此电子文档的保存核心是解决这些二进制的字节在其所依附的载体上以期望的方式进行展现，保证信息完整且可读。随着现有技术的飞速发展，不论是电子文档保存的软件还是硬件，其更新换代的速度都十分迅速。根据现有技术的发展速度，电子文档生成系统一般5年后就趋于淘汰[124]，这既是对文档保存能力的提升，同时也给过往的文档资料保存带来了新的挑战。电子文档的保存工作可以从保存的要求、保存的挑战、保存的方法和载体保管的要求四个方面展开研究。

电子文档的销毁工作是指将电子文档及其相关元数据信息清除或消除，并且无法再次恢复。从消除的类型上可以分为消除内容和载体连同内容共同消除。对内容的消除，即只对文档信息及其相关信息进行销毁，并不会涉及其载体，而连同载体的消除即将硬件载体连同内容共同消除。从消除的方式上可以分为软销毁和硬销毁。软销毁是指将文档信息及其相关信息这些二进制的字符进行销毁，例如最为常见的是在Windows计算机上对文档的删除操作。而硬销毁则是将储存文档资料的光盘、磁盘等载体通过粉碎、熔炼等外力的方式，连同其内容一同销毁。电子文档的销毁工作需要根据其文档的性质和审核结果来决定其是否应当被销毁。

需要销毁的文件往往是达到了保存期限、不再具备保存价值或是达到了保存期限的涉密文件。其销毁工作需要相关人员的检查和审批,在销毁之前应当备份,并在销毁完毕后进行确认,经检查确认销毁行为无误后,再行将备份文件进行销毁,以完成彻底的销毁工作,且相关销毁工作也应当将具体的时间、销毁内容、销毁方式等信息记录在案。

7.5.4 实现核电文档前端反馈

(1)电子文档的利用

首先,应实现非结构化文档向结构化文档转变。目前在文档管理上,有相当数量的企业仍实行双轨(套)制。纸质版的电子文档在利用方面存在的最大问题是无法高效利用,而在电子文档的管理上主要应用行业统一的 EAM、ECM 系统,该系统中的电子文档主要以 word 文档或者 PDF 文档的格式进行保存,没有形成文档的结构化,这样就无法形成结构型数据库,既不利于后期对数据价值的深度挖掘,又不利于文档资源的深度开发。而规范化的电子文档单轨制,可以按照既定的格式规范来形成文档,按照预先设定的方式实现系统对文档信息的规范化提取,实现文档从非结构化向结构化的转变,从而建立结构化数据库,以实现文档信息内容数据的重新整合和高效利用,充分发挥大数据和人工智能技术对庞大的文件资料进行高效的整理分类和数据价值的深度挖掘,为工作人员提供便捷的信息查询服务、智能方案推荐、设备预警等工作。

其次,应建立支撑业务流程的电子文档数据库。构建以业务为导向的文档数据库,能够在业务流程的优化和工作效率提升方面,有诸多作用。其一,通过对电子文档管理技术和电子文档管理制度的有效配合,使电子文档能够对生产经营活动进行真实、全面、完整且规范的记录,避免了纸质文件的错记漏记或重复记录;其二,在具体的业务流程中能够随时为用户提供相关资料的查询服务,例如在设备维修过程中能够随时为用户提供所需维修设备清单,在出现设备故障需要检修时能够提供智能决策方案,在新文档编制的过程中可以快速查询到以往的案例和相关信息推荐作为参考;其三,在业务流程中能够实现业务人员之间随时随地对接和协同,不受时间和空间的限制,能够产生高度的共享效应;其四,在文件的管理和利用方面,能够利用电子文档系统强大的检索与分类体系,实现企业文档的多维度展现,适应不同用户习惯对电子文档的分类管理、多维度检索[78]。

最后,应实现以业务为导向的电子文档知识组织。知识组织作为知识资源序化的新手段之一,其相关技术在近些年得到了飞速的发展,在档案管理与文档管理领域已被广泛应用,因此也给核电领域的文档知识开发利用带来了新的发展思路。在调研的过程中得知核电企业的业务流程主要包含了设计、建造、安装、调试、运行和维修几个大的环节,作为技术密集型和知识密集型产业,在这些业务环节中涉及大量运维手册的查阅、相关业务知识的查询等工作,且核电厂安全要求极高,生产过程中对操作规范要求非常严格,涉及的专业技术众多,对知识积累使用需求高,因此对文档的规范性、智慧性的要求是非常高的。因此实现以业务为导向的电子文档知识组织在企业的业务发展方面有十分重要的现实意义,可以根据核电企业的实际生产经营场景整理出具体的业务需求,并对所需要的知识要求进行整理,对文档的"多应用"类型进行探究,通过揭示文档资源与知识内容实现细粒度聚合,以客观方式呈现文献资源的网络结构,并以可视化方式展示聚合结果,最终实现面向用户需求的知识服务。

(2)电子文档的服务

当前电子文档的服务主要有三种形式:知识社区、知识图谱和智能问答。

社会正处于知识经济的时代,知识是企业重要的竞争资源和生产力提升的潜在要素。随着互联网的发展,人们的沟通不再仅仅局限于面对面的沟通,在知识分享方面,互联网发挥着越来越重要的作用。因此这里所提及的知识社区主要指的是网络知识社区。双周期交互下的核电企业电子文档管理模式下,能够将企业在项目管理和日常运营中产生的大量知识资本进行收集、储存、流转、应用和再创造。在线的网络知识社区能为企业和员工提供一个高效便捷的知识共享平台。例如,知识社区中可构建知识地图板块,知识地图能够实现企业知识的有序化,通过合理的整合和分类为用户展现不同的知识板块,便于用户的高效浏览和查询;互动问答板块,可实现普通员工和高级专家间的问答交流,其他感兴趣的员工也能参与进来,激发其业务的创造力,促进新的知识的产生,提高员工的业务能力;知识分享板块,则能够将员工或者专家的独有经验甚至是隐性知识整理和传递出来,这区别于企业日常经营运作中的信息知识,是对个人隐性知识的显性化、凝练化和总结化。知识社区是开展企业知识管理的理想方式之一,是企业在知识经济时代,利用知识社区,助力企业业务发展,是企业转型升级、提质增效的重要手段。

知识图谱的概念最早由谷歌公司在2012年5月17日提出,用于信息搜索领域优化搜索引擎。知识图谱具有强大的语义处理能力和开放组织能力,能够通过对数据的整合与规范,向人们提供有价值的结构化信息,已被广泛应用于信息搜索、自动问答、决策分析等领域,是推动数据价值挖掘和支撑智能信息服务的重要基础技术[125]。双周期交互视角下,强调将业务管理元素纳入文档管理的体系中,让文档管理为业务赋能。在这一背景下的知识图谱,对核电企业的文档数据转化为结构化数据并建立文档知识库后,从总体上建立起核电企业文档资源体系,然后再构建企业文档数据的知识模型,在整体的数据维度上实现对科技档案数据的语义关联挖掘,用可视化技术描述知识资源及其载体,挖掘、分析、构建、绘制和显示知识及它们之间的相互联系。在具体的应用上,可以通过知识图谱技术在应用上实现语义检索、智能搜索、风险控制等诸多方向。例如,在核电企业的运维工作中可以根据工作人员的自然语句的输入,进行分析和推理,给用户反馈可视化的核电设备检修方案,帮助用户快速解决设备检修问题;也可以为用户呈现相关的结果,提前一步为用户提供可能需要的信息,不仅可以对当前问题的相关信息进行可视化展示,还可以融合企业其他业务领域的信息,便于用户搜索时的连贯性。基于双周期视角下的知识图谱,能为用户的查询、浏览和利用提供多维展示服务和智慧化的信息利用方案,为企业的业务人员提供切实的业务帮助,以企业业务为导向,调整文档管理与业务管理相适应,为业务赋能。

智能问答系统能够将核电企业电子文档中分散各处的信息进行有序科学的整理,并建立知识的分类模型,针对核电企业的基本情况和常见问题,整理为规范的答题库形式,以支撑各种形式的智能问答。在精准问答方面,能够以一问一答形式,为用户提供精准的问答服务;在相关问答推送方面,用户在输入查询问题后,不仅将该问题的答案精准推送出来,更能够将相关问题一并展现出来,尽可能让用户实现一次提问就能掌握全部信息;在提问智能提示方面,用户在提问的过程中,系统将已经输入的内容自动分析给予优化的补全或相关提示,帮助用户树立提问思路;在高频搜索统计方面,系统可对用户搜索问题的频率进行统计,并按照词频形成业务关键词热力图,可视化地展现当前业务方面的研究热点;在交互方面,还能够将常见问题整理成若干流程诊断型的知识,通过引导交互式的服务,尽量从 Web 端解决客户常见问题。因此智能问答系统能够极大地方便用户,提高业务的办事效率,促进核电文档资源的进一步开发利用。

7.6 双周期交互下核电文档双向实践系统的建设与应用

7.6.1 电子文档智能归档与应用平台建设需求

电子文档智能归档与应用平台能够实现电子文档全流程的监督管理。从文档形成及其内容控制方面,电子文档智能归档与应用平台从文档的形成创建伊始就对文档进行控制和管理,按照文档形成合规的相关要求对文档的内容、格式进行控制,同时尽可能保证文档内容的完整和元数据信息的完整;在流程控制方面,能够对电子文档的形成过程进行合理的监督和控制,包括状态、权限和版本的控制等,具体指能够对编辑状态、审核状态、生效状态等不同状态的文件采用不同的管理措施,根据业务需求、管理需求,合理地分配、增、删、改、查的不同权限,对每个不同版本的文件都留存下来,而不是覆盖掉原来的文件,同时记录下每个环节相关参与人、审核人的信息,这样才能够掌握文件的动态过程,实现文件的可追溯。在达到归档要求和归档状态的文件,电子文档智能归档与应用平台能够自动将文件推送到归档审核系统中,归档审核系统实现对文档的"四性"检测、赋予档号和案卷等元数据并进行封装和最终的保存。在文档开发利用环节,能够根据已建立的结构化数据库随时调取文档中的信息内容,实现数据的读取和分析。

由于核电厂的机组设备众多,文档数量十分庞大,加之核电厂的寿期较长,随时间推移就会进一步产生体量十分庞大的文档数据,繁杂且难以管理,因此十分需要将核电业务流程生命周期与文档生命周期交互,更好地发挥核电文档对业务的助力。如图7.2所示,电子文档智能归档与应用平台从业务流程的视角出发,开展核电文档的管理工作,从核电设备的设计、安装、建设到调试和维护,从图纸的绘制、运维步骤的推进到智能检修方案的推荐、设备隔离方案的推荐,从运行阶段的记录、资源消耗量的记录到流程优化诊断,实现文档对业务的支撑作用,以及实现文档单轨制管理为业务赋能。

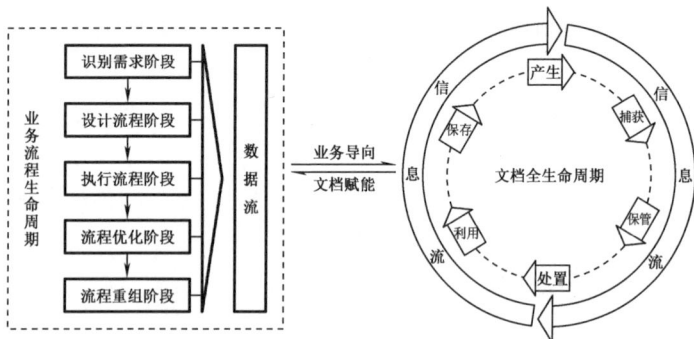

图 7.2　双周期交互下核电文档双向交互

7.6.2　电子文档智能归档与应用平台架构设计

电子文档智能归档与应用平台架构设计分为三个大的部分,即数据层、业务层和应用层。数据层是指文档数据的支撑环节,涵盖了核电企业所有文档资料,其格式包括 DOC 文档的格式、CAD 等建设图纸的格式,同时也包括 PDF、XLS、PPT 等多种格式的文件,均是构建该平台的数据支撑。在数据层的支撑之上构建业务层,从业务流程生命周期视角和文档生命周期视角出发,以企业业务为导向,调整文档管理与业务管理相适应。如图 7.3 所示,双周期之间呈现业务导向、文档赋能的双向交互形态,一方面,文档的产生是由业务场景决定的,其文档的内容、格式、时机、载体等一切要素,均由业务场景决定。另一方面,文档的流转也在为业务流程的推动提供赋能驱动。文档的生成、捕获、利用、归档,都分别发生于业务流程的不同阶段,为业务流程带来关键影响。应用层包括业务服务、知识服务和文化服务。其中业务服务包括维修工单的编制、设备隔离方案的制定、文件关联查询等;知识服务则包括知识社区服务、知识图谱服务和智能问答服务等;而文化服务则是从企业文化的角度出发,构建文化专题展览、文创产品开发以及文化活动记录等服务。

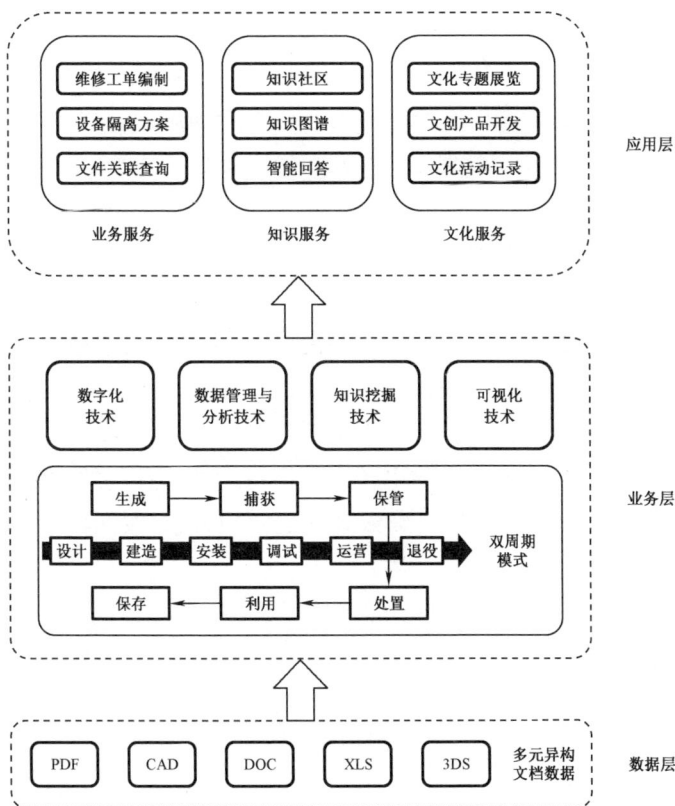

图7.3 电子文档智能归档与应用平台架构

7.6.3　电子文档智能归档的功能要求与实现方法

（1）文件捕获

电子文档智能归档系统需要对文件进行捕获,而捕获的对象为所有从智能应用平台中读取到的文件。在捕获这一环节,首先需要读取文件和元数据,对元数据进行转化和填充,然后进行"四性"检测以确定文档是否满足归档要求,否则需要利用人工或其他方式对元数据或文档内容进行修改。

（2）文件登记与移交

文件登记与移交则是储存文件及其元数据,赋予文档资料以档号、案卷等档案元数据的过程。如果只是对原有文件升版,则需要与旧版文件关联储存。在以上环节都完成且无误的状况下,该文件则进入待归档状态。

（3）文件归档

对进入待归档状态的电子文档进行档案信息包的封装,并再次进行"四性"检测,确认其满足归档要求,按照归档年限要求进行归档。

电子文档智能归档的功能要求与流程如图7.4所示。

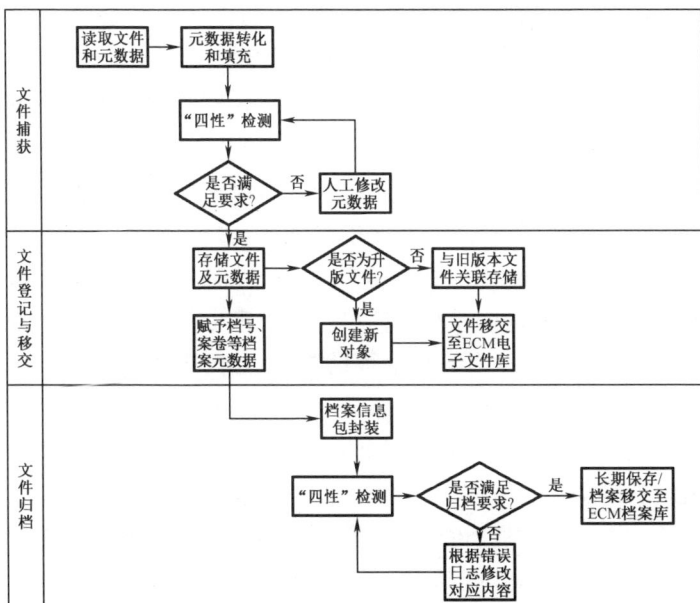

图7.4 电子文档智能归档的功能要求与流程

7.7 建立核电文档双向实践保障体系

7.7.1 管理层面:健全支撑核电文档双向实践的组织体系

我国核电企业在推动国家经济和能源发展使命中扮演着重要角色,其战略规划需要顺应时代数字化转型发展的大方向。结合核电企业自身在文档数据上数据量庞大、来源异构、结构复杂、内容专深等特点,明确文档管理的目标,从顶层设计上,创新电子文档管理的相关理念与实践,强化相关工作规划,以期达到提高运作效率、文档管理水平、业务经济效益,为增强其在行业中的竞争能力。

在顶层设计方面,支撑电子文档单轨制管理可以从以下几个方面入手。其一,将企业文档单轨制管理纳入企业战略规划。例如在文档创建形成阶段,就将电子文档管理的工作纳入公司的各项业务活动,明确各业务部门在文档管理中的职责,规范文档管理的业务流程,夯实后期文档管理工作的基础。其二,加强企业在文档单轨制管理中的资金支持。资金投入意味着企业对该项业务的重视程度,也决定着该项业务的发展速度与基础,核电企业加大在单轨制管理上的资金支持决定着文档单轨制的发展步伐。其三,优化文档管理相关组织体系。组织体系的优化能够从体系上促进文档管理业务的进一步发展,可以从部门层级的提升、业务部门办公室领导兼任文档管理职责、人员编制扩充、业务管理职能拓展等方面着手,同时发挥文档工作的监督管理和文档开发利用两方面的职能。其四,拓展文档管理部门的职能。企业的文档管理部门绝不仅仅是过去对文档的收集和整理,而是拓展到了信息资源的开发、智能化的服务、与业务管理相协调来促进业务发展的领域,因此企业的文档管理部门要拥抱新技术,推动文档工作的数字化转型,融入企业的数字化转型和数字化整理工作中,为企业的降本增效、合规运行服务。

7.7.2 技术层面:运用技术维护核电文档双向实践的安全

在技术支撑维度,需要积极拥抱各类电子文档的新型技术,例如文档数据结构化技术以实现文档的结构化管理,建立结构化知识库,这是后期实现多维度的文档知识开发利用的基础。各类可视化技术可以通过多种展示维度,例如时间

维度、内容关联维度、地点维度等多种维度被动或主动地以
人们熟悉或者接受的方式展示信息和知识内容。大规模数
据存储技术则是针对核电企业文档数据量庞大、来源异构且
知识专深的特性来说的，有大规模的数据量需要存储，会涉
及异地存储、多数据库调用、多源异构数据的存储等问题。
而长久保存技术则涉及文件备份、加密，对文档的保存加密
可采用如 VPN 加密、IP 加密等加密方式。除备份、加密工作
之外，迁移技术也应该被重视，该技术不仅可以对单纯的数
据文件进行迁移，而且还可以迁移系统中的个性化设置和应
用程序，该项技术的发展将完全解决由于载体破旧以及载体
过时的技术问题[126]。因此电子文档的单轨制需要诸多相关
技术的支撑，以实现文档单轨制管理的基础要求及知识服务
的目标。

7.7.3 评价层面：加强对核电文档双向实践的
评价与改进

质量管控与评价是保证核电企业电子文档单轨制不断
发展优化的基础，通过质量管控的方式，既能够保证整体方
向上的正确，同时也能够找到优化方式以形成优化闭环。具
体可以从以下四个方面着手。

在数据安全方面，不论是在前期的数据创建阶段还是后
期的数据保存阶段，都要保证数据的安全性。例如在前期阶
段要保证数据合法合规方面的安全，在保存阶段要建立合理
完善的备份机制，在文件形成阶段可采用数字签名或数字水
印等技术。

在质量监控方面，既可以通过系统的"四性"检测等方式
实现技术方式的质量监控，也可以通过人工抽查，纳入员工
绩效考核，上升到领导的职责、公司规章制度等管理方式去

实现。

在流程控制方面,则是指对电子文档的形成过程进行合理的监督和控制,包括状态、权限和版本的控制等。对电子文档版本的控制,首先,需要确定电子文档的文件种类;其次,明确各个版本的控制规则,包括版本的命名规则、关键版本的留存规则、版本的访问权限设置、版本的保存时限以及版本冲突解决机制等;最后,确定版本的控制方式,一般版本的控制方式包括本地式、集中式和分布式。

在效益评价方面,从经济效益的方向着手,可以将效益评价分为四各阶段,分别为在单轨制管理系统的规划阶段进行预期经济效益评估,在系统开始开发的过程中进行详细的经济效益测算,在系统投入使用后对产生的实际经济效益进行测算,以及在系统投入使用一段时间后的经济效益追踪评价。核电文档评价的效益测算模型如图7.5所示。

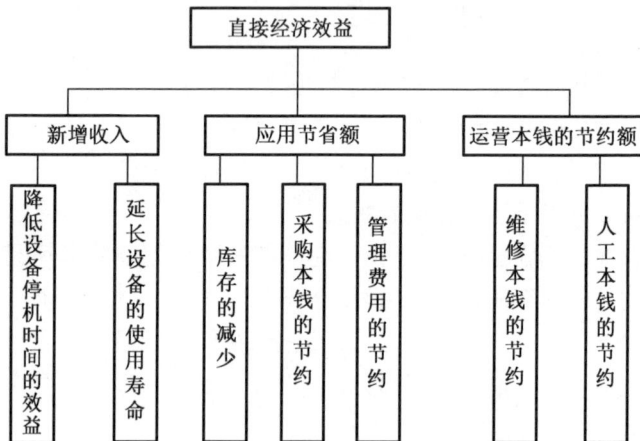

图 7.5　核电文档评价的效益测算模型

7.8 小 结

核电企业电子文档单轨制管理的支撑条件包括顶层规划、标准规范、技术支撑和质量管控四个大的部分。在顶层规划方面，建立健全支撑核电文档单轨制管理的顶层设计，具体可以从将企业文档单轨制管理纳入企业战略规划、加强企业在文档单轨制管理的资金支持和优化文档管理相关组织体系三个方面着手。在标准规范方面，将核电企业电子文档单轨制的管理制度分为管理维、资源维、技术维三个维度，并针对此制度标准体系构建出了基本框架示意图。在技术支撑层面，综合运用多种技术以维护电子文档单轨制系统，如文档数据结构化技术、"四性"检测技术、数据储存技术、区块链技术、数据可视化技术、数据长久保存技术等。在质量管控层面，则要加强对电子文档单轨制管理的质量管控与评价，质量管控主要从数据安全、质量监督、流程控制和效益评价四个方面着手。

核电企业电子文档单轨制管理的保障体系就是要从管理层、标准层、技术层和质量层为单轨制保驾护航，保证单轨制全流程的顺畅执行，为工作人员提供便捷的信息查询服务、智能方案推荐、设备预警等，推动数据的价值作用从工具层面上升为生产要素，实现核电企业优化业务流程、提升工作效率的目标。

8 总结与展望

8.1 研究总结

核电是我国能源体系的重要分支,核电业务的发展对于我国能源结构的优化、国民经济的发展与核心竞争力的提升至关重要,党和国家也在政策规划中多次提及"积极推进核电建设""高效发展核电"等要求。为了实现核电业务的提质增效,不仅需要优化业务流程,还需要有效地管理核电文档,为业务发展提供数据支撑。国家信息化战略的持续推进,对传统的核电文档管理模式提出重大挑战,电子文档管理模式升级、创新刻不容缓。在《档案法》和《"十四五"全国档案事业发展规划》等全新的档案政策话语导向和数字时代背景下,现有的文档管理理论已经难以满足时代对核电文档管理的全新需求。从当前核电文档管理现状来看,数字化转型发展对文档管理提出了新要求,核电业务流程管理不够重视文档连续管理、核电文档生命周期管理未覆盖业务全流程等现实问题在一定程度上阻碍了文档管理工作的进步,亟须以核电业务为导向实施核电文档双周期管理,将文档管理全面嵌入核电业务的全流程,推进核电业务连续性与文档连续性的统一。

本书立足于核电企业数据量庞大、结构多样、内容专深的实际情况,结合数字化转型的时代背景,以及核电企业当前的文档管理现状和诉求,主要采用文献调研方法、实地调研方法、政策分析方法等,构建了基于双周期交互的 MBP 一体化核电文档管理体系,并从管理维、业务维、实践维三个维度,提出了基于双周期交互的核电文档合规性管理、基于双周期交互的核电文档连续性管理、基于双周期交互的核电文档双向实践平台的必要性与可行性,并分别对其要素与结构、框架与运行机制等进行了分析,较为全面地回答了核电企业实施双周期文档管理的必要性与可行性。本书认为,基于双周期交互的核电文档管理是数字时代核电企业开展文档管理的必然选择,这种实践探索在核电企业实施具有一定的基础,能够促进业务与文档的双向互动与提升。当然,本书的研究可能还存在很多不足,包括缺乏量化研究、实地调研考察不够、技术方案研究不够深入等,后续笔者将会在此基础上继续深耕,努力寻求更优的解决方案。

8.2 研究展望

随着科学技术的不断发展,人们的生产生活、衣食住行等都发生着巨大的变化。每一次新的技术、新的设备开始诞生的阶段,都存在很多的不足与弊端,但正是技术创新使得人们的生活更加便捷。回到电子档案领域,陈永生教授指出:"任何主流载体都不是等到真实性能够得到完全保证,且长期保存问题得到完全解决时才得以普遍使用的,社会选用一种介质作为主流信息载体往往是出于实用主义的考虑,即满足方便、快捷、可共认等基本要求即可。"[127]在电子文档双轨制向单轨制过渡的过程中,前期实践必然有诸多不便之处和不足之处,但是我们有理由相信,在不久的将来,在技术不断完善、管理不断成熟的加持下,电子文档单轨制管理一定能不断创新、更富活力和创造价值。本书提出的核电企业电子文档双周期管理模式,将切实融入核电企业的数字化转型中,下一步将通过增加实地调研考察对象、引入定量分析方法、进一步学习了解相关技术方案等方式,优化当前核电企业电子文档双周期管理模式的研究内容,努力为核电企业文档管理和研究提供有价值的参考。

参 考 文 献

［1］ 戴忠华.从全寿期管理之技术要素看核电厂延寿的决策基础［EB/OL］.（2020-06-13）［2023-10-15］ht-tp://china-nea.cn/site/content/35759.html.

［2］ 黄立军.核电重大设备全寿期管理及智能化技术应用实践［EB/OL］.（2020-06-13）［2023-10-15］https://v.qq.com/x/page/a092639prya.html.

［3］ 周文泓,张宁.全球数字连续性的行动全景与启示:基于英国、新西兰、澳大利亚与美国国家政策的探讨［J］.情报理论与实践,2017,40(3):138-142,137.

［4］ 张宁,路敏.我国工程项目电子文件单轨制实施现状调查与思考［J］.档案学通讯,2022(3):65-71.

［5］ 吴聃,黄世喆.新《档案法》背景下电子文件信息演进流程中凭证价值的影响因素及应对策略［J］.档案管理,2022(5):58-61.

［6］ 窦一康.核电厂生命周期全过程的老化管理［J］.金属热处理,2011,36(S1):10-14.

［7］ 周刚.核动力设备全寿命故障监督管理方法研究［C］//中国核学会.中国核科学技术进展报告(第六卷)——中国核学会2019年学术年会论文集第3册(核能动力分卷).北京:中国原子能出版社,2019:318-325.

[8]　潘蓉,易桂香,孙锋,等.核安全相关混凝土结构全寿期性能评价研究现状[J].工业建筑,2017,47(9):1-6,19.

[9]　薛飞,束国刚,余伟炜,等.核电厂主管道材料低周疲劳寿命预测方法评价[J].核动力工程,2010,31(1):23-27.

[10]　周宇,蒲晓彬.秦山核电厂全生命周期管理研究[J].企业管理,2016(S2):246-247.

[11]　屈江林,付振旭,林奕富.核电设备生命周期的研究管理与实现[C]//中国电机工程学会电力信息化专业委员会,国网信息通信有限公司.2013电力行业信息化年会论文集.北京:人民邮电出版社,2013:258-260.

[12]　童小燕,李正,陈刘定.我国核电站老化与寿命管理数据质量的表征[J].中国材料进展,2011,30(5):27-32.

[13]　任德曦,胡泊,邹长城,等.世界与中国核电市场寿命周期探索[J].中国安全科学学报,2004(10):37-43.

[14]　李卓群.秦山核电有限公司设备运行管理模式研究[D].上海:上海交通大学,2009.

[15]　张柏山,徐丹.福清核电全过程、全员、全要素成本管理体系的构建及实践[J].中国总会计师,2019(11):104-106.

[16]　周有胜.核电项目全寿命周期成本控制研究[J].工程经济,2019,29(12):8-10.

[17]　孙逸民.核电厂运行全寿命周期仿真优化预测系统研究[J].计算机仿真,2017,34(3):435-440.

[18]　王大林,赵博.基于威布尔过程的核电厂设备寿期管理决策[J].原子能科学技术,2013,47(1):114-119.

[19] 薛飞,刘鹏,施震灏,等.核电站重要设备寿期管理 (LCM)决策支持技术研究[C]//Intelligent Information Technology Application Association. Environmental Systems Science and Engineering(ICESSE 2011 V2). Information Engineering Research Institute,2011:298-303.

[20] 徐拥军,李晶伟.核电文件档案管理研究评述[J].浙江档案,2017(3):27-30.

[21] 韩季红.核电文档管理的地位与特点研究[J].北京档案,2010(5):33-34.

[22] 马费成,望俊成.信息生命周期研究述评(Ⅰ):价值视角[J].情报学报,2010,29(5):939-947.

[23] 任红,邢一杰."华龙一号"文档管理体系构建[J].中国档案,2017(3):61-63.

[24] 方晶贵. X 公司核电项目的文档管理优化研究[D].北京:北京交通大学,2015.

[25] 王柏钊,邹鹏.基于文件生命周期浅谈核电工程项目文档一体化管理[J].办公室业务,2014(17):107.

[26] 汤文军,施千里."华龙一号"数字档案馆建设探析[J].浙江档案,2018(4):62-63.

[27] 夏韬然. H 公司核电工程项目全生命周期信息管理系统的设计研究[D].衡阳:南华大学,2016.

[28] 任红,邱杰峰.全生命周期文档管理模式在核电项目的应用[J].中国档案,2010(8):42-44.

[29] 万小燕.文件全生命周期智能化管理在核电项目中的应用:以"基于规则"的工程文件智能分发为例[J].科技经济导刊, 2018(10):129.

[30] 杨建荣. 基于"合同全寿期管理融合"的核电项目文

档管理实践[C]//中国档案学会.新时代档案工作者的使命:融合与创新——2018年全国档案工作者年会论文集.北京:中国文史出版社,2018:81-87.

[31] 周梅,查凤华,杨强.江苏核电电子文件管理信息化研究[J].档案与建设,2017(10):85-87,92.

[32] 施千里.核电企业重大建设项目电子文档管理实践分析:以福清核电电子文档管理试点项目为例[J].浙江档案,2021(3):58-59.

[33] 刘鑫,黄小冬.核电厂设备档案全过程管理模式创新:以秦山核电设备档案前端联合管控为例[J].兰台世界,2021(S2):16-17.

[34] 冯惠玲.走向单轨制电子文件管理[J].档案学研究,2019(1):88-94.

[35] 钱毅.电子文件"单套制"管理相关概念的辨析与思考[J].档案学通讯,2017(4):8-13.

[36] 齐蕊.单轨制背景下电子档案管理模式研究[J].办公室业务,2020(5):91,93.

[37] 桂美锐.电子档案"单套制"管理的多元主体协同机制[J].档案管理,2019(1):18-21.

[38] 毕建新,李东,刘卫,等.电子文件单轨制管理探索:以国家自然科学基金项目电子文件为例[J].档案学通讯,2019(5):58-64.

[39] 王晓琳,许彦鹏,涂志祥.大型煤化工企业电子档案"单套制"管理建议[J].神华科技,2019,17(1):73-75,79.

[40] 李春艳.向单套制过渡阶段电子文件整理问题探讨:以中国石化总部电子公文为例[J].档案天地,2019

(5):52-54,63.

[41] 刘俊庆,杨秋皓,张文海,等.基于数字单轨制的航天产品档案知识管理转型升级[J].航天工业管理,2017(4):85-87.

[42] 丘美嫦.高速公路项目实施电子档案单轨制的可行性[J].交通世界,2018(19):140-141,149.

[43] UPWARD E. Structuring the records continuum part one:postcustodial principles and properties[J]. Archives and manuscripts,1996,24(2):268-285.

[44] COOK T. Electronic records,paper minds:the revolution in information management and archives in the post-custodial and post-modernist era[J]. Archives and manuscripts:journal of the Australian society of archivists,1994(22):2.

[45] Raquel D G M, Gonzalo L V. Revision of different implementations for digital preservation:towards a methodological proposal for preserving and auditing IR reliability[J]. RDBCI:Revista Digital de Biblioteconomia e Ciência da Informação, 2018, 16(2): 273-292.

[46] ANDERSON E K. Elements of electronic resource management [J]. Library technology reports, 2014, 50(3):11.

[47] RALSTON M D,COLEMAN R M,BEAULIEU D M, et al. Progress toward paperless radiology in the digital environment:planning, implementation, and benefits[J]. Journal of digital imaging,2004,17(2):134-143.

[48] 肖秋会,伍黎丹.澳大利亚国家档案馆的数字连续性

计划研究[J].信息资源管理学报,2015,5(4):19-23.

[49] 马林青.国外政府电子文件管理规划分析及经验借鉴:以美国、澳大利亚文件管理的数字转型为例[J].档案学通讯,2015(5):73-77.

[50] 加小双,闫冬.美国《管理政府文件指令》及其对我国政府文件管理的启示[J].云梦学刊,2015,36(4):79-87.

[51] 中办国办印发《"十四五"全国档案事业发展规划》[J].中国档案,2021(6):18-23.

[52] 张胜博.向单轨制转变:企业电子文件管理流程优化研究[D].济南:山东大学,2020.

[53] 刘越男.新档案法中电子档案的法定要求[N].中国档案报,2020-08-06(1).

[54] 薛四新.单轨制模式下电子档案高质量管理的方法体系[J].浙江档案,2021(2):23-27.

[55] 钱毅.新技术环境下电子文件管理纵深发展关键问题分析[J].档案学通讯,2020(2):4-9.

[56] 冯天予,姜盛新,张俊杰.InterPARES 第五期项目:I Trust AI 项目概况与实践成果[EB/OL].(2022-07-19)[2023-10-16].https://mp.weixin.qq.com/s?__biz=MzI0NzYxNzI4Ng==&mid=2247491066&idx=1&sn=3fc5a214f6e76a2bc839cf0f23653cc1&chksm=e-9ac1f93dedb9685f6e2b77a47591c08637f71d795253fee69fc9d04d197f4f1883985077f46&scene=27.

[57] 蔡学美.电子档案要素合规分析[J].档案学研究,2020(5):122-125.

[58] 许晓彤.电子档案凭证价值保障需求研究:基于电子证据审查判断的视角[J].档案与建设,2021(7):14-

19,13.

[59] 刘冰.新《档案法》背景下电子文件管理立法建议[J].档案学研究,2021(6):72-77.

[60] 陈永生,苏焕宁,杨茜茜,等.电子政务系统中的档案管理:安全保障[J].档案学研究,2015(4):29-40.

[61] 蔡学美.档案管理视角下的电子文件元数据[J].中国档案,2014(4):63-65.

[62] 俞辉,宋媛媛.杨房沟水电站BIM系统施工验收电子文件在线归档合规性研究[J].大坝与安全,2019(6):11-16.

[63] 彭蒙蒙.数字时代下企业电子文件归档和电子档案管理模式研究:以国泰君安证券股份有限公司为例[J].档案与建设,2018(6):34-37,8.

[64] 高闯,柳林集.合规与妥协:空客德国产品数据归档的现状及其启示[J].档案学研究,2021(2):119-124.

[65] 郝丽欣,杨中庆.大数据环境下建设项目电子档案"来源可靠"的保障措施[J].中国公路,2021(13):116-117.

[66] 杨强,胡心宇.核电档案领域应用区块链技术的模式分析及挑战[J].产业与科技论坛,2021,20(19):37-39.

[67] 樊金龙.区块链技术在智慧核电的应用研究[J].信息系统工程,2020(9):72-73.

[68] 王洋.基于优化共识的区块链在电子文件全生命周期真实性保障中的应用:以中国电力建设集团有限公司电子文件单套归档和电子档案单套管理试点为例[J].档案学研究,2022(2):89-96.

[69] 崔秀敏.海外核电建设项目文档管理的思考[J].中国档案,2016(4):44-46.

[70] 崔秀敏.浅谈境外项目的档案管理:以中核中原海外核电建设项目为例[J].机电兵船档案,2020(5):37-40.

[71] 冯惠玲,赵国俊,刘越男,等.电子文件管理国家战略刍议[J].档案学通讯,2006(3):4-8.

[72] 安小米,张宁,叶晗,等.国外电子文件管理机制及借鉴研究[J].档案学研究,2008(2):58-62.

[73] 安小米.国外电子文件管理模式及其特点研究[J].山西档案,2006(5):16-18.

[74] 杨强,刘泽栋.新一代信息技术在核电企业财务智能化中的应用[J].财会月刊,2021(19):68-77.

[75] 钱毅.从"数字化"到"数据化":新技术环境下文件管理若干问题再认识[J].档案学通讯,2018(5):42-45.

[76] 冯惠玲.电子文件与纸质文件管理的共存与互动[J].中国档案,2003(12):40-42.

[77] 蔡磊.从电子发票走向"智慧财税"[N].中国会计报,2019-09-06(005).

[78] 张军帅,张圣敏.刍议企业电子文件单轨制归档管理[J].办公室业务,2020(10):176-177.

[79] 雷洁,赵瑞雪,李思经,等.科研档案管理知识图谱构建研究[J].科技管理研究,2020,40(11):162-169.

[80] 蔡盈芳,嘎拉森.数字经济时代企业档案工作一体化研究[J].档案学研究,2022(4):52-58.

[81] 福建省档案局,福建省档案馆项目组."三包两结构一

体化"电子文件与电子档案规范管理模式实践[J].中国档案,2022(7):63-65.

[82] 蒋建峰."一网通办"背景下政府部门电子文件单套制归档路径探析[J].档案与建设,2022(2):57-59.

[83] 廖嘉琦.我国电子文件管理标准与制度的对比[J].办公室业务,2017,(3):160-162.

[84] 李海涛,徐亚婷.近20年我国电子文件管理政策现状及对策研究:基于《"十四五"全国档案事业发展规划》及相关政策[J].山西档案,2021(4):95-111.

[85] 中国原子能工业公司.传统制造核燃料元件"智"变升级之路[EB/OL].(2022-07-27)[2023-10-17].https://www.ccnta.cn/article/11062.html.

[86] 刘华.历时三年!秦山核电圆满完成9台机组的N1-EAM推广上线[J].变压器,2018,55(1):70.

[87] 王树,伍浩松.IAEA完成保障IT系统改造[J].国外核新闻,2018(6):4.

[88] 中核集团.原子能院成功研发"反应堆工程技术产品数据管理系统"[EB/OL].(2018-01-18)[2023-10-17].https://www.china-nea.cn/site/content/16094.html.

[89] 福清核电.福清核电电子文件归档和电子档案管理试点项目通过国家档案局的验收[EB/OL].(2018-01-25)[2023-10-18].https://www.china-nea.cn/site/content/16105.html.

[90] 王向女,邱怡璇.电子文件全程管理实现的概念模型研究[J].山西档案,2019(6):13-18.

[91] 蔡盈芳.电子文件归档中电子签名的处理研究[J].档

案学研究,2019(4):103-108.

[92] 李耀波. SD 核电工程管理信息系统分析与设计[D].
济南:山东大学,2013.

[93] 刘越男,杨建梁,张洋洋. 单轨制背景下电子签名的归
档保存方案研究[J]. 档案学通讯,2019(3):26-35.

[94] 薛四新,黄萃. 云计算环境下电子文件管理研究综述
[J]. 北京档案,2011(9):25-27.

[95] 薛四新. 云计算环境下电子文件管理的实现机理[J].
档案学通讯,2013(3):65-66.

[96] 薛四新,朝乐门,田雷. 云计算环境下电子文件管理的
关键技术研究[J]. 北京档案,2013(1):22-24.

[97] 朝乐门. 云计算环境下的电子文件迁移模型研究[J].
档案学通讯,2013(1):53-56.

[98] 毕建新. 政务云环境下电子文件一体化管理模型研究
[D]. 南京:南京大学,2016.

[99] 刘越男,吴云鹏. 基于区块链的数字档案长期保存:既
有探索及未来发展[J]. 档案学通讯,2018(6):44-53.

[100] 赵屹. 电子文件防窜改技术发展对档案管理的影响
及启示[J]. 档案学研究,2019(6):77-85.

[101] 于志莹,于英香. 区块链技术在电子文件四性维护中的
适用性及其路径探析[J]. 山西档案,2021(1):27-34.

[102] 李沐妍. 文件档案管理领域区块链技术应用研究综
述[J]. 图书情报知识,2021,38(4):72-80,71.

[103] 徐欣欣. 文件档案管理中的区块链技术应用研究综
述[J]. 浙江档案,2018(5):12-15.

[104] 蔡盈芳. 电子档案管理应用区块链存储方式探析
[J]. 档案学研究,2020(4):104-109.

[105] 王平,李沐妍,姬荣伟.基于区块链技术的电子文件可信保护框架研究[J].档案学研究,2019(1):101-107.

[106] 王平,李沐妍,刘晓春.区块链视角下文件档案管理可信生态的构建[J].档案学研究,2020(4):115-121.

[107] 左晋佺,张晓娟.基于信息安全的双区块链电子档案管理系统设计与应用[J].档案学研究,2021(2):60-67.

[108] 郑立明,张瑜,任浩.流程管理的实施模型与技术构成研究[J].软科学,2005,19(3):57-60.

[109] 黄新荣,王晓杰,庞文琪.网络时代电子文件归档方式研究:兼论逻辑归档的可行性[J].档案学通讯,2014(5):49-53.

[110] 吴志杰,王强.组织机构视角下的业务系统电子文件归档:问题、理念与策略框架[J].档案学通讯,2020(4):79-86.

[111] 中国核学会.中国核学会8个学术会议入选中国科协重要学术会议指南(2022)[EB/OL].(2022-04-18)[2023-10-19]. https://mp.weixin.qq.com/s/9suPZna4VhgQ94hC7GnNOQ.

[112] 中核集团.中核战略规划研究总院成立:建设高端核智库 提升中核软实力[EB/OL].(2019-10-24)[2023-10-19]. https://m.thepaper.cn/baijiahao_4780289.

[113] 祁天娇,王强,郭德洪.面向知识赋能的档案数据化编研:新逻辑及其实现[J].档案学通讯,2022(1):45-52.

[114] 博客园.通俗易懂解释知识图谱(Knowledge Graph)[EB/OL].(2020-05-25)[2023-10-20]. https://www.cnblogs.com/huangyc/p/10043749.html.

[115] 刘慧琳,刘敬仪,黄健.基于知识库的企业文档智能服务模式探究[J].北京档案,2021(9):22-26.

[116] 徐建军,王浩,杨柳.核电企业数字化转型关键技术与实施策略研究[J].仪器仪表用户,2022,29(7):61-63,23.

[117] 李绪蓉,徐焕良.政府信息资源开发与管理[M].北京:北京大学出版社,2005.

[118] GRANT R M. Prospering in dynamically-competitive environments:organizational capability as knowledge integration[J]. Organization science,1996,7(4):375-387.

[119] VON KROGH G, NNOAKA I, ABEN M. Making the most of your company's knowledge:a strategic framework[J]. Long range planning,2001,34(4):421-439.

[120] OKHUYSEN G A,EISENHARDT K M. Integrating knowledge in groups:how formal interventions enable flexibility [J]. Organization science, 2002,13(4):370-386.

[121] AYAS K,ZENIUK N. Project-based learning:building communities of reflective practitioners[J]. Management learning,2001,32:61-76.

[122] 陈力,鲁若愚.企业知识整合研究[J].科研管理,2003,24(3):32-38.

[123] 冯惠玲,刘越男.电子文件管理教程[M].2版.北京:中国人民大学出版社,2017.

[124] 国际档案理事会电子环境中现行文件委员会.电子文件:档案工作者实用手册[M].北京:中国档案出版社,2008.

[125] 黄恒琪,于娟,廖晓,等.知识图谱研究综述[J].计算

机系统应用,2019,28(6):1-12.

[126] 苏君华,刘芳.被异化的谨慎:对"双套制"管理的问题分析及策略选择[J].档案学通讯,2015(4):100-104.

[127] 陈永生,杨茜茜,侯衡,等.电子政务系统中的档案管理:问题与思考[J].档案学研究,2015(2):28-37.